驛　　　站　　　文　　　化

書　　　海　　　領　　　航

大視界 19

一本書讀完德國歷史

邢豔 編著

前言

　　德意志這一詞彙至少有三種表示：一是德國（一個國家），二是日耳曼人的一支（一個人種），三是德意志地區——中世紀時的德國、奧地利地區泛德意志（一個地區）。這三種含意彼此糾纏，常常難分彼此，但在這裡我們主要指第一種，即構建德意志聯邦共和國的主體成分，這個國家最大的特點就是「變化」二字。

　　回溯德國的歷史，她展示給人們的是一幅變幻莫測

的景象：從日耳曼人建立部落國家以來，日耳曼人歷史的演進就顯現出變幻莫測的景象，邊界在變，國旗在變，首都在變，語言在變，甚至連國名都變個不停。她時而如溫順的綿羊任人宰割，時而如咆哮的雄獅顯威於全世界，真是反覆無常，讓人感覺迷離混沌。

　　可以說，在所有西方大國中，就數德國的歷史最為動盪。它長期處於分裂之中，難以統一。但是，德國1871年方才立國，這個歐洲大陸民族國家中的姍姍來者卻在極短的時間爆發出巨大的能量。雖然萊茵河滔滔北去，它見證過的光輝歲月和折戟沉沙都已匯入歷史的深處，籠罩德國上空的硝煙更是早已散盡，但是歷史的記憶並沒有泛黃，也沒有褪色。作為歐洲乃至世界歷史上舉足輕重的一員，德意志的歷史令人著迷。這片土地養育了燦如繁星的英才，如音樂家巴哈、貝多芬、布拉姆斯、華格納，哲學家康得、黑格爾、叔本華、尼采，乃至馬克思；同時在這片

土地上還誕生了愛因斯坦、歌德、席勒、湯瑪斯・曼、赫曼・赫塞、格拉斯、布萊希特等聲名卓著的人物，就像女作家斯塔爾夫人讚譽的那樣，德國是「詩人與思想家的國度」。理性與激情是這個民族最顯著的性格特徵，因此，邏輯思維的縝密性與行動上的熱情實幹使德國人在世人的眼中顯得格外優秀。

　　由於以上原因，德意志獨特的歷史軌跡也讓世人感到好奇。她一舉站在巨人的行列中，原因何在？統一與分裂，這個痛苦的命題，又對這個國家的命運產生了怎樣的影響？她是如何擺脫「蠻族」的身分，登上文明世界的舞臺？又如何陷入繼承羅馬帝國、統治世界的迷夢而不能自拔？她又是怎樣擺脫神權政治的重負，並在諸侯權力的紛爭中構建起強大的民族國家？而這樣一個國力強盛、文化昌明的國家，又為什麼會走向對外擴張、納粹獨裁的深淵？在經歷了兩次

大戰的苦難之後，這個國家怎樣重新把自己定位為歐洲的德國，再度擁抱世界？

　　您手中的這本書，就是試圖以歷史的眼光和全球的視野，展示了德國——這片飽受古典音樂的浸潤滋養，散發著古典哲學的理性光芒土地，在近兩百年來追求國家統一崛起的曲折歷程中，它曾經上演的悲喜劇。全書按照不同的歷史分期，藉故事體例來敘述從條頓堡森林戰役到德國統一兩千多年的歷史，包括條頓堡森林戰役、法蘭克王國崛起、馬丁·路德和宗教改革、三十年戰爭、腓特烈大帝、普法戰爭、第一次世界大戰、第二次世界大戰、德國統一等。讓我們順著歷史的河流，溯源而上，去探索德國奇特的歷史脈絡吧……

第1章
德國概況與西元800年前的德國

1 德國的國土

德國位於歐洲的最中心，周圍有九個鄰國，是全歐洲鄰國最多的國家：北承丹麥，東臨波蘭、捷克，南接奧地利、瑞士，西鄰法國、盧森堡、比利時及荷蘭。與其他歐洲國家（如義大利、西班牙、英國……等）不同的是，德國並沒有多少天然國界，僅有北部的波羅的海和延展在西南部的萊茵河作為天然界線。

德國領土面積357,022平方公里，在歐洲範圍內是一個領土範圍巨大的國家，在所有歐盟國家中名列第三。但與美國相比，德國領土就小得多，甚至比蒙大拿州（注1）還要略小一些，要知道美國領土可是該州20多倍。

在這個相對較小的國家領土範圍內，其土地資源卻非常豐富。地理學家通常將德國分為四個區域：北方的波德平原自西邊從德國和丹麥的邊界綿延到東邊和波蘭的邊界。平原上點綴著湖泊、沼澤、灌木植物，向東還有連綿起伏的山峰；向南延伸，德國中部覆蓋著大大小小的山丘。由於中等山脈高聳，形成了一系列的低矮山脈、河流和小山谷，這些山脈、河流、山谷始於萊茵板岩山脈（萊茵高地），終於圖林根和巴伐利亞森林，自

西向東綿延開來；再往南是中等山脈丘陵帶，阿爾卑斯丘陵和一些其他中等山脈形成了一個三角地帶。

它的北邊是多瑙河，西邊是康斯坦茲湖，東邊是帕薩城；再往南，就是德國的最南邊，也是德國最高的地方，由阿爾卑斯山相當小的一部分組成。這裡風景如畫，並且坐落著德國最高的山峰──楚格峰，它足有2,962公尺高，那兒有著半球形穹頂造型的教堂和大片綠色的牧場。

除了多瑙河的流向略微向東以外，德國大多數河流都是向北流動。萊茵河不僅僅是全歐洲最繁忙的航道，而且是德國最具浪漫情調的河流。尤其是位於賓根跟波昂之間被人們稱為中萊茵區的地段，因其峻峭的山嶺，諸多教堂或教堂遺址，以及別致的小村莊，成為遊客們嚮往的旅遊勝地。

由於和北緬因州以及華盛頓市位於同一緯度（北緯49度左右），德國大部分地區的氣候都較為溫和。冬季的極寒和夏季的酷暑在德國都是極少發生的，但是即便氣候溫和，在7月份也難求一雨。德國有時天氣多變，但是在摩澤爾和萊茵河谷地帶卻有著相對穩定溫和的氣候，因此攀援植物和藤本植物在這些地區得以存活；南

部和東部地區由於高海拔則有著典型的大陸性氣候，在冬季的時候比德國其他地方都要冷一點。美瑙島氣候使得該島可以種植棕櫚樹和檸檬。

德國全國人口8,200萬，相比於美國的蒙大拿州（後者有著將近90萬人口）來說，德國是一個人口密度相當大的國家，在歐洲位列第三，僅次於荷蘭和比利時。從統計數字來看，德國每平方英里有589人，而美國只有70人而已。

當遊客們或駕車或乘火車漫遊德國的時候，他們經常會問：德國人到底住在哪兒？因為映入他們眼簾的滿是大大小小的牧場，綠油油的小山和大片的森林。毫無疑問，德國有著大片的城市居民區，比如柏林、漢堡、科隆、法蘭克福、慕尼黑和斯圖加特。但讓人們驚異的是，這個世界工業化排名第三的城市還是保留了大片自然風光：德國30％的土地是森林，55％的土地被用做種植小麥或作為牧場使用，只有14％的土地用於工業建設。

* *

注釋

【注1】蒙大拿州：Montana，是美國西北部的一州，此州的面積在美國名列第四。

日耳曼人與羅馬文化

　　日耳曼人屬於雅利安人種（注2），語言屬印歐語系的日耳曼語族，原先生活在波羅的海沿岸和斯堪的納維亞地區。隨著鐵器的應用、經濟的發展和自然災害的影響，從西元前6世紀左右，日耳曼各部落開始南遷。西元前3世紀，他們沿著易北河南下到達波希米亞北部地方，又沿著薩勒河進入圖林根地區。

　　西元前2世紀末，定居在白德蘭半島的日耳曼部落侵入地中海文化區域，直接與羅馬人對峙。西元前1世紀中期，大批日耳曼人從腹地出發來到萊茵河邊，與羅馬帝國不斷發生軍事衝突。經過漫長的戰爭，日耳曼部落的汪達爾人、勃艮第人和哥特人佔領了維斯杜拉河流域。西元前1世紀中葉，又將克爾特人逐出，最終定居於萊茵河以東、多瑙河以北和北海之間的廣大地區。

　　日耳曼人定居中歐以後，保持著氏族組織。男人狩獵打仗，女人耕作紡織，沒有階級，沒有特權。西元1世紀，大多數日耳曼部落形成軍事民主制，並出現了按地域關係組成的大家族公社，稱「馬爾克」。公社成員有簡陋的房子和獨家院子，幾家毗鄰形成小村莊。大家從

公社那裡分得土地進行農耕，產品歸自己所有。生產和生活方式的演進，群體人口的不斷擴增，伴隨而來的更為複雜的事務，決定了建立一種核心權力的需要。部落酋長、軍事首領和扈從隊長的地位和作用顯著提高。他們開始脫離生產，佔有優良土地，獲取更多的財富。於是，高踞於部落成員之上的特權人物、貧富分配等不平等現象便逐漸產生。這預示著日耳曼氏族制度正走向解體；而羅馬帝國對日耳曼部落的征戰則大大加速了這個過程。

西元前1世紀末，羅馬奴隸制共和國被帝國所代替後，逐將其北部直接為鄰的日耳曼部落作為征服對象。羅馬帝國的征服目標是，佔領直到易北河的廣大日耳曼部落居住區，將其劃入帝國版圖，組成羅馬行省——大日耳曼尼亞。為此，羅馬帝國集中力量把萊茵河區建成軍事基地。西元前12年，羅馬帝國在萊茵一線集中36個軍團，總兵力達3萬人，並在這一年開始了對日耳曼部落的征服戰爭。

戰爭初期，羅馬軍隊遇到了日耳曼各部落的頑強抵抗，損失慘重。西元前8年，一支深入日耳曼腹地的羅馬軍隊受到了日耳曼諸部落的沉重打擊。羅馬史書記載：

羅馬人「艱難地去征服前進道路上的對手，而每一次勝利，他們都得付出血的代價」。

然而日耳曼各部落的抵抗都是各自為戰，沒有聯合行動。這使羅馬人可以集中優勢兵力依次進攻各部落。經過10餘年的戰爭，日耳曼部落大部分被征服。由於無力派出足夠的軍隊去佔領整個日耳曼人居住區，並對其實行有效的統治，羅馬帝國只得迫使被征服的日耳曼部落向帝國稱臣納貢，建立強制性的條約依附關係。

經過多年的戰爭，日耳曼人逐漸意識到，要戰勝裝備精良、經驗豐富的羅馬軍隊，必須改變各個部落各自為戰的渙散狀態；於是部落聯盟開始出現了。

西元9年秋天，日耳曼各部落的戰士在條頓堡森林與3萬羅馬軍隊遭遇，日耳曼人採用了游擊戰術，依仗對地理環境的熟悉，利用林間曲折複雜的道路與羅馬軍隊周旋，很快將羅馬人分割成無數小塊，逐個打擊，羅馬3個軍團幾乎被全殲。日耳曼人取得了重大勝利。這次勝利是日耳曼人的轉捩點，許多日耳曼部落重新獲得獨立。

條頓堡森林之戰使羅馬帝國陷入困境，羅馬皇帝被迫放棄了建立大日耳曼尼亞行省的計畫。這就決定了羅馬帝國的勢力範圍的邊界不是在易北河，而是仍然在萊

茵河流域一線。

　　西元11年，羅馬帝國再次越過萊茵河，對日耳曼人發動新的征服戰爭，並取得了局部的勝利。西元17年，羅馬軍隊佔領史特拉斯堡、溫蒂施和美因茲。但羅馬人已無力繼續深入日耳曼人腹地。在西元1世紀中期的幾十年裡，羅馬帝國逐漸把邊界推進到萊茵河東岸，因而加固了羅馬萊茵河、多瑙河邊界體系。西元1世紀下半期後，羅馬人開始在萊茵河東岸地區建立界牆。

　　這意味著羅馬帝國最終結束了征服戰爭。

　　羅馬奴隸社會的文化隨之傳入這兩個地區：城市擁有豪華市場和淋浴設施，從山間溪流或山泉引水的自來水管，排汙水道，長距離道路網，高度發展的手工業，

城市和農村有供暖設施的住房，羅馬人的許多栽培技術，如葡萄種植法，園藝的引進等等，這一切充分說明了羅馬文化對這兩個地區的影響。這種影響還滲透到日耳曼人的語言中。日耳曼語中軍事、採石技術、建築、園藝、貿易和交通等領域的許多辭彙都可溯源於羅馬語。透過到日耳曼地區經商的羅馬商人和留在被征服地區的羅馬軍人，羅馬文化又越過界牆滲入日耳曼其他部落。西元1～2世紀，羅馬商品已遍布日耳曼部落地區，尤其是波希米亞地區、萊茵河與威悉河之間的廣大區域更是羅馬文化的主要接受者。

注釋

【**注2**】雅利安人：或譯為亞利安人（梵文：rya「高尚」），屬高加索人種（白色人種），該人種身材較大，皮膚淺白，面長多毛，鼻骨高，瞳孔顏色淺，髮色多變。

民族大遷徙和法蘭克時期

　　和許多民族一樣，日耳曼人並不是一成不變地待在一個地方，在西元800年前，他們也經歷了較爲大的遷徙和演變。

　　德國地界，早在舊石器時代已有人類活動。因爲缺乏文獻記載，所以德意志人早期的歷史並不是太清楚。羅馬帝國最早開始記載日耳曼部落（Germanen）的活動，但這些日耳曼部落與今天的德意志民族並不相同。當時所謂的日耳曼部落，是對所有居住於北歐及中歐，使用印度、日耳曼語系的各個部落的統稱。現代的民族學家對這個名字的含意尚不太清楚，大約可信的是歐洲較早的居民克爾特人（Kelten）先使用這個名稱來稱呼新移民。而凱撒（Julius Caesar）遠征高盧時，用「日耳曼族」這個名稱來稱呼當時居住在萊茵河右岸（在今天的德國境內）的各個部落。其後，「日耳曼族」這個概念才逐漸介紹到羅馬人的世界裡。

　　日耳曼部落是指原先居於斯堪的納維亞半島南部（包括丹麥）及其臨近地區的一些民族，他們的文化及宗教相當接近，所以成爲一個文化圈。西元前1000年左

右，因為北歐地區氣候轉壞，該地區的居民開始向南遷移。到西元前450年時，他們分布於萊茵河沿岸，南至阿爾卑斯山以北，東到外克塞河（Weichsel，即維斯杜拉河Vistula）的地區之內。到了西元前2世紀，這些民族又開始另一波的民族移動，而開始與羅馬世界有較多的接觸。

日耳曼部落雖是以語言、血統、生活習慣、文化及信仰為族群的指標，但因散居之故，個別差異可以相當大。所以西元4世紀起的大規模族群遷移時，並不是整個血緣民族集體行動，而是以較小的氏族組織為單位。歷史學家將這些移動的日耳曼部落約略分成西日耳曼人、東日耳曼人及北日耳曼人三個大類別。西日耳曼人指的是西元1世紀時居住在西起萊茵河，東至衛塞河（Weser），南至多瑙河，北達北海的這些族群。

376～568年，散居羅馬帝國境外的以日耳曼人為主的諸「蠻族」部落大舉強行移居帝國境內，並各自建立國家的歷史過程。民族大遷徙的原因是日耳曼人的原始公社制解體，部落顯貴、軍事首領及親兵渴望向外掠奪新的土地和財富；人口自然增長對生產力形成壓力，為了發展畜牧經濟，一般日耳曼人不得不向外地遷徙。羅馬奴隸制的危機和帝國的衰落，無力抵禦外族入侵，因

而使「蠻族」的武裝遷徙深入帝國腹地。

　　從509年開始，法蘭克人分為3個部族；薩利安人（Salian）、里普利安人（Ripuarian）和卡蒂人（Chatti，或黑森人〔Hessian〕）。在428～480年間，薩利安法蘭克人佔領了羅亞爾河以北高盧的大部分地區。里普利安人和卡蒂人仍然留在德意志和高盧東北部。薩利安人在他們的國王克洛維（Clovis）的統治（481/482～511）下信奉了天主教，克洛維把他的統治權擴大到其他法蘭克人身上，並征服了高盧的其他大部分地區。他的梅羅文加王朝（以他的祖父梅羅文加的名字命名）的繼任者們統治法蘭克人的土地，直至8世紀由加洛林家族代替時為止。加洛林王朝的查理曼大帝（768～814年在位）與教宗合作恢復了西羅馬帝國，並把天主教傳播到德意志中部和北部。他的帝國於9世紀中葉解體。

4 查理曼大帝

查理曼大帝（Charlemagne或Charles the Great，742～814年），是中世紀800年左右的法蘭克國王，後來加冕為「羅馬人的皇帝」。查理曼勇武善戰（被形容成20尺的巨人），善惡分明。他在位的44年期間，發動過對倫巴德人、撒拉森人、薩克森人等的大大小小55場戰爭，控制了大半個歐洲的版圖，並在天使的指引下挑起了保衛基督教世界的重任。

由於查理曼取得了許多次戰爭的勝利（法蘭克人在他的45年的統治期間進行了54次出征），成功地使西歐大部分地區都歸屬於他的統一領導之下。他的帝國實際上達到包括今日的大部分法國、德國、瑞士、奧地利和低地國，以及義大利的一個地區和許多的邊界地區。自從羅馬帝國衰亡以來，歐洲還沒有這麼廣闊的領土被一個國家控制過。

在整個統治期間，查理曼一直堅持與羅馬教宗保持密切的政治聯盟。但是在查理曼在世期間，人們顯然可以看出，總是處於支配地位的夥伴是查理曼而不是教宗。

查理曼統治的高峰或至少是最著名事件於800年耶誕節發生在羅馬。這一天，教宗利奧三世把一頂皇冠戴在查理斯的頭上，宣布他為羅馬人的皇帝。從主要方面來講，這意味著在3個多世紀前被毀滅的西羅馬帝國正在復辟，查理曼現在是奧古斯都·凱撒的合法繼承人。

查理曼帝國並非羅馬帝國，而只是其輝煌的延續。第一，這兩個帝國所統治的範圍大不相同。查理曼帝國在鼎盛時期也大約只有西羅馬帝國的一半大。兩個帝國先後統治過的相同地區包括比利時、法國、瑞士和義大利北部。但是英國、西班牙、義大利南部和非洲北部──共同構成了羅馬帝國的一部分──都不在查理曼的控制之下；而德國──構成了他的領土的一個重要組成部分──卻從未在羅馬人的統治之下。第二，查理曼無論從哪方面來看，從血統、外貌和教養來看都不是羅馬人。法蘭克人是一個日耳曼部落，查理曼的母語是一種古日耳曼方言，雖然他學會了講拉丁語。查理曼一生的大部分時間住在歐洲北部，特別是住在德國。他只對義大利做過四次訪問。他的帝國的首都不是羅馬而是亞琛，位於今日的西德，距荷蘭和比利時的邊界不遠。

查理曼的生涯也帶來了各種不同的長期影響。在他

死後的數百年中，德國皇帝進行了一場控制義大利的戰爭，結果以徒勞而告終。沒有查理曼的榜樣，他們完全有可能不會那麼肆意地侵犯義大利，而是集中更多精力向北或向東擴張。

查理曼在政治上通常是機智敏銳，洞察秋毫；但是智者千慮，必有一失，他卻在王位繼承問題上犯下了嚴重的錯誤。雖然他在大半生的戎馬生涯中統一了西歐一個廣大的地區，但是他卻認為最明智的方法是他死後把帝國分給他的三個兒子。他認為這樣做通常是避免戰爭

的一劑靈丹妙藥。然而不料在他臨死之前，他的兩個長子就先見上帝去了，結果當查理曼814年在亞琛死去時，他的三子路易接管了查理曼的整個帝國。然而路易在繼位問

題上所做出的決斷還不如他的父親：他也希望把帝國分給他的三個兒子。經過某種鬥爭，路易的三個兒子終於簽署了凡爾登條約（843年），根據這項條約，法蘭克帝國被劃分為三部分。第一部分由今日法國的部分地區構成；第二部分包括德國的一個廣大地區；第三部分包括義大利北部和一個橫跨法、德邊界的寬闊地帶。

因此，德國的歷史，也可以說是從查理曼大帝發源開來。911年，加洛林王朝的最後一位君主去世，東法蘭克王國的公爵推選世俗貴族康拉德為國王（911～918年在位）。此舉意味著法蘭克帝國的完全分裂、加洛林王朝的告終、德意志早期封建國家的誕生和德意志歷史的開始。

東法蘭克王國包括薩克森、法蘭克尼亞、巴伐利亞、士瓦本和圖林根5個公國，大致包括今荷蘭、西部德國、瑞士和奧地利。其中薩克森最為強大。

919年，薩克森公爵亨利一世取得了東法蘭克王國的統治權，建立了薩克森王朝，正式創立了德意志國家。

第2章
中世紀德國：800～1519年

封建制度的發展

奧托一世（注3）統治期間，德意志封建領主所有制不斷增強。依靠王權的支持，世俗的和教會的領主肆無忌憚地奪取屬於農村公社的土地。從法蘭克帝國沿襲下來的采邑制，神聖羅馬帝國時已發展為封地制，受封的土地成為世襲領地。這種封地有大有小，有一個莊園、幾個或幾十個莊園的，也有一個公國的，如整個巴伐利亞公國就是巴伐利亞公爵的世襲領地。大大小小的封建領主存在著從屬關係，一個小封建領主通常依附一個大封建領主。前者稱封臣，後者稱封君。封臣對封君行臣服禮並宣誓效忠，封君向封臣授采邑，封臣的義務主要是為封君服軍役等，封君則保護封臣的安全。大封建領主同時又從屬於更大的封建領主，由此構成了封建等級制度。頂端是皇帝，下有公爵、伯爵、教會主教和騎士。1220年編成的德國法律檔案《薩克森之鏡》中，把封建等級劃為七等：第一等是國王；第二等是直屬國王的教會大貴族，如主教和修道院長等；第三等是直屬國王的世俗大貴族；第七等是騎士。他們構成了神聖羅馬帝國的統治階級。

領主在其莊園內是最高的權力主宰，最重要的是擁有領地裁判權。涉及到有關領地、勞役、賦稅和耕種的一切問題，都按所謂「莊園的慣例」進行裁決。因此，莊園不僅是一種經濟組織，而且還是一種社會組織。它支配著莊園居民的全部生活。

　　在封建制度充分發展的時期，農民更加依附於封建領主。莊園土地分為不同等級的田地，有「自由人田」、「半自由人田」和「農奴田」。每種田地持用者的處境和負擔不同。自由農的土地可終身使用和繼承，他們與領主的依附關係較為鬆散，只需繳納固定的實物地租。為數眾多的半自由農依附性較強，他們不能隨便離開所屬土地，領主也不能把他們逐出莊園，只有把他們連同土地一起轉讓。半自由農除繳納實物地租外，還要從事勞役，每週一天到三天。農奴佔有很少土地，或者根本就沒有土地，完全處於依附狀態。

　　封建采邑制的發展和封建等級制度的確立，暫時穩定了現存的社會秩序。同時，由於經濟的發展和農民對封建剝削的反抗，不少地方勞役地租逐漸為實物地租和貨幣地租所代替，刺激了生產積極性。這些，使帝國從11世紀起，社會生產力得到了迅速的發展。水力、風力

和畜力取代了人力，荒地變成了永久性的耕地，三圃制取代休耕輪作制，農產品商品化的趨向在加強，出現了某種程度的專業化，葡萄、大麻、亞麻等經濟作物也開始種植。這些表明，在自然經濟佔優勢的同時，商品貨幣關係已見端倪。11世紀初，在萊茵河和易北河、薩勒河之間已有商業點200至300處，交易的商品除貴族需要的奢侈品外，也有日常用品和生活資料。相伴而來的是城市的興盛，當時普遍出現的城牆和城市同盟、城市自治運動，就是這一發展的佐證。

在德意志封建化過程中，羅馬教宗擁有給德皇加冕的特權，德皇則力圖控制教宗和教會，而地方封建主為擴大權勢，又往往借助教會的力量來削弱王權。這種矛盾鬥爭是德意志長期分裂的重要原因。從奧托一世起，德意志皇權處於極盛時期，完全控制了羅馬教廷，教會主教由皇帝任命。10世紀初，起自法國的、衝擊世俗權力統治的教會改革運動傳遍歐洲各地。反對世俗政權任命神職人員的聲勢日甚一日。11世紀中葉以後，教會勢力增強。1073年，紅衣主教團乘德意志內亂之機，推選一義大利人為教宗，稱格里高利七世。1075年，新任教宗頒布敕令，宣稱：教宗的地位高於一切，羅馬教廷

有權罷免教會貴族和世俗貴族，甚至皇帝，違者嚴懲。同年12月，格里高利七世警告亨利四世，如果不服從教宗命令，將受到逐出教會、廢黜王位的懲罰。這樣，兩個封建大頭領——教宗與皇帝——爲了爭奪主教敍任權（授予主教和修道院長封地和職權的權力）進行了長達50年的鬥爭。

對德意志皇帝來說，授聖職權恰恰是王權的一個支柱。喪失這一權力，意味著喪失對教會諸侯的統治和對帝國的主宰。於是，亨利四世採取激烈行動予以回擊，1076年1月，在沃爾姆斯召開帝國會議，宣布廢黜教宗格里高利七世。在給教宗的信中，他言辭激烈地斥責道：「我，亨利，以上帝恩寵加身的國王及全體主教的名義，向你奉告：下臺吧！下臺吧！在時代洪流中毀滅吧！」

然而，此時的德意志皇權已今非昔比。國內諸侯反對派站在羅馬教廷一邊，拒絕爲被開除教職的君王效力。士瓦本公爵、巴伐利亞公爵甚至籌畫推選新王。面對羅馬教廷和諸侯公爵的強大壓力，亨利四世屈服了。1077年1月，他輕裝簡從去義大利北部的卡諾沙城堡，身披罪衣，跣足立地，卑躬屈膝地在風雪中等候3天，

懇求教宗寬恕。終於亨利作爲一個懺悔的罪人得到了格里高利的赦免，准予改正錯誤，重新行使德意志王權。1084年亨利四世復以武力驅逐格里高利七世，另立教宗。此後雙方鬥爭不息。亨利五世時雙方和解，1122年雙方簽訂《沃爾姆斯協定》，皇帝放棄對教會的統治。

　　教會諸侯和世俗諸侯利用教宗與皇帝之間的矛盾，竭力牟取自己的權益。他們趁機擴增產業和權力，並積極爭取對國王的推選權。主教敘任權之爭意味著德意志皇權的衰落和諸侯勢力的增大。而帝國對義大利的征戰則更加劇了這一傾向的發展。

．．．．．．．．．．．．．．．．．．．．．．．．．．．．．．．．．．．．．．

注釋

【**注3**】奧托一世：西元912～973，德意志薩克森王朝第二代東法蘭克國王（936～973年），兼義大利國王（或稱倫巴第國王），神聖羅馬帝國奠基人和首任皇帝（962～973年）。亨利一世之子。

② 沒有皇帝的恐怖時期

　　12世紀中期，統治德意志的霍亨斯陶芬王朝的弗瑞德里希一世從1154年至1186年6次遠征義大利。持續30餘年的征戰，義大利人民的鮮血染紅了弗瑞德里希的鬍子，他因此而獲得「巴巴羅薩」（Barbarossa意爲紅鬍子）的渾號。但弗瑞德里希一世的遠征遭到與羅馬教廷結盟的倫巴德同盟的頑強抵抗。後來在參與十字軍東征途中，他溺死於小亞細亞。其繼任者弗瑞德里希二世非但沒有改弦易轍，反而把帝國的政策重心移向義大利。對義大利的入侵成了德意志王權由盛而衰的關鍵。

　　神聖羅馬帝國的皇帝們一直把對義大利的統治作為建立並鞏固中央政權的政策重心。在他們看來，佔有義大利可使「神聖羅馬帝國」不會徒具虛名，可使帝國獲得豐富的財富，為皇權的強固創造雄厚的精神和物質條件。為使這個既定國策獲得支持，只得向封建領主作重大讓步，奉行打擊城市以討好諸侯的政策。因此，和西歐各國不同，德意志皇權不是利用新興城市要求建立強大的中央政權，消除封建割據的市民階級為自己的支柱衝擊地方領主勢力，而是同追求獨立的封建貴族結成聯盟。飲鴆止渴，掠奪義大利的遠征，消耗了帝國的實力，導致了諸侯獨立力量的加強和皇權的不斷衰落，乃至走向崩潰。當然，這也凸顯了德意志的經濟發展水準與西歐的差距。西歐中央集權的君主專制是建立在商品貨幣經濟較發達的基礎之上。繁榮的工商業把全國的經濟利益聯結起來，使分離主義失去存在的經濟基礎。德意志的經濟狀況卻未能形成為這種連結在一起的全國性經濟利益，而是按地區組成利益集團。各地區牢固存在的自然經濟恰恰成為各邦君主專制的經濟條件。因此，當法國境內的諸侯被國王征服時，德意志境內的諸侯卻發展成可與中央君主抗衡的獨立的邦君。

在弗瑞德里希二世陷入義大利的泥坑之時，國內割據局面日益加劇。1246年，科隆、特里爾、美因茲三位大主教另立新主，加之城市爆發的大規模起義，使弗瑞德里希二世疲於奔命，積勞成疾，於1250年猝死。1268年，霍亨斯陶芬王朝的最後一個皇帝康拉丁在親征南義時被俘，並被送上斷頭臺，霍亨斯陶芬王朝的統治告終。從此各大封建領主不再受制於中央政權，各自發展自己的獨立勢力。帝國皇帝也不再是世襲，而是由最有權勢的諸侯選舉產生。最早的選帝侯有7個：科隆、美因茲、特里爾三大主教，薩克森公爵，巴拉丁伯爵，布蘭登堡侯爵，波希米亞國王。

各選帝侯按照自己的利益選舉皇帝，彼此爭鬥不已，皇帝像走馬燈一樣換了一個又一個。有時因相持不下而選不出皇帝，有時甚至同時出現幾個皇帝。從1254至1273年就是德意志皇位空缺時期，被稱之為「沒有皇帝的恐怖時期」。皇位成了諸侯股掌中的玩偶。

3 德意志的分裂

連年戰爭和皇權衰落，直接影響了帝國的經濟發展。14世紀初，德意志出現農業危機。農產品因城市壟斷價格和行會制度束縛，價格低落，銷售不暢。加上黑死病流行，大量人口喪失。到14、15世紀，出現了農耕荒蕪、村落衰敗的景象。封建領主為彌補工農業產品價格的損失，又加重對農民的榨取。農民境況明顯惡化。他們的牲畜被搶走，農地被掠奪，村莊被焚毀。在西部和西南部還形成了新的農奴制。領主集產權、法權、政權於一身，將農民牢牢控制在自己的領地上，進行超經濟剝削。

農民憤然反抗，其形式有結盟、有起義。14世紀30年代，萊茵地區和阿爾薩斯爆發了大規模農民起義，並吸引了部分城市市民參加。14、15世紀之交，西南德烽火四起，成了農民起義的中心，起義者結成的同盟，最盛時包括60多個城市和地區。他們摧毀領主城堡，襲擊領主武裝。最具政治意義的要數以窮苦人的鞋為標誌的「鞋會」運動。廣大農民集合在鞋會的周圍，趕走法國雇傭兵，要求公平合理的服勞役，廢除世襲租稅。他們不懼強暴，抗爭持續了幾十年。

與此同時，各地諸侯在政治動盪中擴展自己的權力，加劇獨立傾向。各封建領主紛紛給自己加上伯爵頭銜，在自己的領地中擁有鑄幣權、貿易權、關稅權、礦山權、森林權，並逐漸形成一整套行政機構和完整的疆域，還有自己的政治中心城堡。至14世紀中葉，在德意志帝國的統一外殼下出現了一大批獨立的諸侯邦國和邦君，除7大選帝侯外，還有10多個大諸侯，2百多個小諸侯，1千多個帝國騎士。他們的領地就是大大小小的邦國。

　　1386年，帝國皇帝查理四世頒布一項帝國立法（因立法用金製的印章蓋印，史稱「金璽詔書」），從法律上承認選帝侯的政治特權地位。詔書承認選侯有選舉皇帝的權利，承認諸侯在自己的邦內有絕對的君主權力，規定各邦內的市民和自由民都隸屬於他們的邦君。詔書確認選侯的地位與皇帝相等，是皇帝「身體的一部分」。皇帝賜給城市或任何人的權利，如有損選侯的權益，均屬無效。因而在法律上確認了諸侯邦國分立的體制，加劇了德意志的分裂。

資本主義的萌芽

德意志儘管政治上四分五裂，但經濟領域中的發展走向與西歐是相同的。15世紀後半期16世紀初期，隨著生產力的提高和商品經濟的發展，也開始出現資本主義的萌芽。

德意志地處中歐，處地中海貿易區和波羅的海貿易區的中間。新航路開闢前，這裡是國際貿易的必經之地。有利的地理條件，促進了城市經濟的繁榮。14世紀，德意志約有大小城市4千座，居民佔全國人口的20％。為了保護貿易活動的正常進行，城市間締結同盟，如萊茵城市同盟、士瓦本城市同盟以及著名的漢撒同盟。同盟內保持商業連結，擁有軍隊、艦隊以保護商路暢通。漢撒同盟鼎盛時，加盟的城市達百個，在法蘭德斯的布魯日、英國的倫敦、法國的貝葉和俄國的諾夫哥羅德都設有商館。15世紀末，在北部的北海和波羅的海沿岸，在南部和萊茵河沿岸，城市星羅棋佈。漢堡、盧貝克、紐倫堡、科隆等城，人口都在2萬人以上。

工業尤其是手工業也有長足的進展。分工精細和專門化程度高，僅金屬製造業就分為鐵蹄、釘、刀劍、甲冑、鎖、壺等業。建築、家具、槍砲、造船、造紙、紡織等新行業紛紛湧現。特別是15世紀末起，西歐社會出現金屬熱，極大地刺激了德意

志採礦業的發展，有的礦區礦井達幾百個，礦工上萬人。北部的銅礦和銀礦已大規模的開採，並產生了地區性的專業特色，如奧斯堡和科隆是紡織業中心，紐倫堡是冶金和製造業中心，南德和萊茵沿岸的紡織、冶金和採礦等業飲譽歐洲。當時歐洲的銀、銅、金相當一部分是由德意志礦工提供的。

農業的進步尤為明顯，北海的圍海造田，易北河東岸的墾殖，使耕地面積大增。糧食和牧草輪作制、多田輪作制等新的耕作方法廣為採用。農產品的商品化和專門化成了此時農業發展的一大特點。中德、北德的啤酒，易北河、威悉河和萊茵河沿岸的葡萄，圖林根的染料，奧斯堡和科隆的亞麻，不僅是德意志，而且成了歐洲重要的工業原料。

工農業生產力的提高和商品貨幣關係的發展，使社會經濟關係發生了變化。一些較發達的行業和地區摒棄封建的生產關係，採用資本主義的經營方式。這首先表現在紡織業和礦業中各種類型的手工工廠的出現。在紡織業中，一方面由於行會內部小生產者的分化產生了資本家與雇傭工人；另一方面由於商人資本加入，一些商人或者買主變成了控制生產與銷售的工廠主，廣大分布於城郊鄉間的小手工業者轉變為計件領報酬的雇傭勞動者。這種集中的和分散的手工工廠在紡織業中心科隆尤為發達，當時科隆月產布幾十萬匹，遠銷波

羅的海和地中海沿岸。1526年，南德巨賈富格爾和另外三個股東集資 8.4 萬金幣開採蒂羅爾的施瓦茲礦區。礦區的生產者已不是合夥生產的成員，而是領取工資的雇工。16世紀，德意志雇傭礦工數以十萬計。農業中的資本主義關係集中表現在「分成」租傭制的出現。隨著商品貨幣關係的發展，領主越發感到自己經營莊園榨取實物地租和徭役地租不如把土地出租，獲得租金有利。於是便出現了一批承租人，他們與領主訂立契約，寫明期限，雙方按比例分配收成。這種分成制在農牧業中均有應用。承租人自己參加勞動，同時又雇工，工人多來自流浪漢和逃亡的農奴。在租佃的土地上，所有權雖仍屬領主，但承租人擁有支配土地的權力，可以買賣、轉讓乃至繼承；工人因多是外來的「客籍」，不受制於莊園舊規而成了自由勞動者。領主和承租人所得已不是純粹的封建地租，而是帶有剩餘價值的性質了，所以馬克思說：「分成制可以看成是由地租的原始形式到資本主義地租的過渡形式。」

　　誠然，不應把15、16世紀德意志資本主義萌芽的發展程度，與英、法等國相提並論，新的資本主義關係仍很微弱，僅存在於西部和西南部少數經濟條件較好的地區和行業，封建大領地制還是整個結構的基礎。然而，它表明著德意志社會發展的總趨向，衝擊封建生產方式的潛在因素已萌發了。

第3章
宗教改革與反宗教改革：
1519～1648年

1 宗教改革

　　中世紀的歐洲，天主教會是最有勢力的封建主集團，是封建制度的國際政治中心。隨著封建制度的瓦解和資本主義關係的產生，兩個階級、兩種生產方式衝突矛盾日益尖銳，而一切反封建抗爭的矛頭首先指向天主教會。

　　羅馬大主教會擁有龐大的教階機構和巨大的地產，他們任意擴大什一稅的徵收範圍，出賣教職，無所不為，隨著商品生產的發展這種搜刮日益加劇。16世紀初，德意志是教廷搜刮的主要對象。羅馬教廷視德意志為擠不盡的「奶牛」，橫徵暴斂。教宗在德意志擁有的土地，佔全德土地面積的1/3，每年從德意志搜刮的財富多達30萬古爾登。這種赤裸裸的斂財行徑，遭到德意志人民的強烈反對。從1517年起，德意志爆發了一場全民族性的宗教改革運動，其創導者是馬丁·路德。

　　馬丁·路德（1483～1546年），生於薩克森埃斯勒本城的一個農民家庭。父親經營礦業，母親出身於市民家庭。1501年青年路德進埃爾富特大學就讀，1505年入奧古斯丁會修道院研究神學。1509年，他被薩克森選侯任命為新成立的維登堡大學神學教授。1515年，路德出任

主管圖林根和邁森11座修道院的副主教。在此期間，他潛心鑽研聖經。1911年底，他曾訪問羅馬，目睹教會的腐敗，他憤怒地斥之為「骯髒之城」。路德對教會的抨擊，在很大程度上不是公開信奉異端，而是強調個人與上帝之間的精神關係，他否認神聖教士的作用，不認為聖事是取得恩寵的管道，反對神學集團、教宗和聖事儀式。這種移開人與神的阻隔、強調「因信得救」的主張，正是當時西歐資產階級平等思想的反映。

1517年10月31日，教宗利奧十世派特策爾的修士到德意志，以建造羅馬聖彼得大教堂款項的名義兜售贖罪券。當時流行了一句話：贖罪錢在錢櫃叮噹響，靈魂即刻上天堂。

教廷的敲榨激起了人民的反抗。路德憤然站在抗爭的前列，他採用當時進行學術探討的習慣方式，把自己撰寫的《關於贖罪券效能的辯論》（即九十五條論綱）貼在維登堡教堂的大門上，因而發出了公開反對羅馬教宗的信號。

　　路德在論綱中指出，基督徒只要懺悔，不買贖罪券也能得救。在上帝與凡人之間，教士沒有什麼必要的職責。因此，他指責教宗出賣贖罪券是錯誤的，是違背基督教原理的，並強烈要求利奧十世糾正在德意志濫用贖罪券的陋習。之後，路德又散發了很多小冊子，進一步宣傳自己的信條。他力勸人們只能在《聖經》中為自己尋找基督的眞諦，譴責煉獄的邪說，揭露高級教士的奢侈生活，要求取消修道院制度，呼籲剝奪教士特權，主張國家駕馭宗教。

　　1519年6～7月，在萊比錫與教宗代表的辯論中，路德義正辭嚴地宣布：教會的管轄權「不是神授的權力，而是人的任命或帝王的任命造成的」。在次年6月發表的《羅馬教宗權》一文中，他進而號召「把這些羅馬來的惡棍逐出國境」。他發表了一系列著作，系統地提出信仰得救，建立廉儉教會，改革教義，簡化儀禮，減少宗教節日和改革文化教育等主張。

　　從貼出論綱的第一天起，路德就贏得了德意志人民乃至一部分世俗貴族的熱情支持。路德教義風靡全德，教宗使者驚呼：「十分之九的德國人歡呼『路德』！剩下十分之一的人高呼『羅馬教廷該死』！」

利奧十世決定嚴厲鎮壓，1520年6月頒布敕令，要路德承認錯誤，否則革出教門。路德不為所動，當眾燒毀教宗敕令。第二年4月，在沃爾姆斯召開帝國議會，迫路德就範。路德在會上宣布：只有《聖經》文句或健全的理性才能令他信服，否則，「我就不能也不願承認有過什麼錯誤，因為違背良心的事是不對的，也是危險的。上帝幫助我！」

　　在教宗的壓力下，查理五世頒布敕令，宣布路德為異端，限期捉拿。但薩克森選侯以及北德一些諸侯將他置於自己的保護之下。

　　在人民的積極參與下，宗教改革遠遠超出路德初衷，反教權發展為反王權，局部地區的抗爭擴展為全民族的運動，宗教革命與社會革命緊連一起。如梅林所指出：「與其說是他（路德）推動了運動，不如說他是被運動所推動。」

　　事實上，路德從一開始就持溫和的態度，他只想把改革局限在宗教方面，迴避世俗社會政治問題。九十五條論綱雖否定神權，卻不否認教廷的其他特權。路德教義具有順從國家的特點。他認為基督教徒的自由是一種內心的自由，純屬精神範圍。在世俗事業上，一個好的

基督徒應完全服從業已確立的權威。國家在享有自己的權利方面是一個神聖的機構。因此，路德在論綱中對各邦君主專制和封建領主剝削制度隻字未提。被宣布爲異端後，他還寫詩歌頌諸侯政權，號召人民尊敬服從。路德逐漸脫離了支持他的人民，並攻擊群眾運動，蛻變成諸侯手中的工具，諸侯則紛紛改宗路德教。

1522年，隨著運動的深入發展，宗教改革運動出現了分裂，農民和城市平民堅決要求在消除教宗剝削的同時，也消除一些世俗剝削，特別是封建分裂割據統治。在他們的推動下，爆發了德意志農民戰爭，把宗教改革運動推向頂點。

2 馬丁·路德

馬丁·路德生於羅馬帝國（今德國）艾斯萊本（注4），父母原是勤儉的務農人家，但當時因社會商業方面開始發達了，並帶動了工業的發展，故其父親轉而成為礦工。在當時以礦工當職業的人口並不多，算是新興的行業，在父親的積極努力下竟也自行當起了一個小礦主，後來上升為城市的議會會員。父親漢斯·路德（Hans Luder，1459～1530年），母親瑪格麗特，原姓林德曼（1459～1531年）。路德是九個孩子中的第八個。

在父親的支持及栽培之下，路德進了一所有名的大學學習法律，看似前途似錦：畢業後可在皇宮謀得一份差事，後半輩子就可高枕無憂了。但就在此時他卻正想著如何才能蒙上帝的喜悅呢？就在一次的暴風雪當中，在禱告中他經歷了神的保守，於是他毅然決然地到修道院中當修士，放棄法律的學習。而在修道院的學習中，其內心並沒有得到真正的平安，在他請益他所在的這所修道院院長之後，路德得到許多的屬靈上的鼓勵與支持，同時也完成了神學博士的學位。並在之後被派到威

登堡任聖經教導的工作、思想更趨成熟，終於在1517年在上帝的帶領下，為著贖罪券的爭論，在教會界做了一件驚動宗教界的大事——宗教改革。

當時封建制度下的西歐，社會危機和教會危機激化。一些民族王侯和市民階層對現狀不滿，下層人民苦難更為深重；教廷和神聖羅馬帝國的威信明顯下降，教會內部的改革派已多次發難。路德在大學時期已對當時的世事和教會景況感到苦悶。他在修院虔修和鑽研神學、哲學理論時，悉心探討釋除苦悶的真諦，但自覺毫無收穫。當他為解除自己「心靈之痛苦」尋找「蒙神赦罪而得救贖」之路時，認識到傳統教會要求人們履行的禮儀和神功，並無助於人們解除這種深沉的內心苦悶，經院神學亦只能引領人的心靈走入死胡同。他對中世紀一些具有改革思想的人物雖有所嚮往，並受到人文主義者的影響，但尚無意反對傳統教會和教宗體制。後人多認為，在這段時期內，他已形成因信稱義命題的基本內涵。這一命題的主旨為：靈魂得到拯救的人在上帝面前被稱為義，不在於本人自己善行所積下的功德，而在於上帝的恩典和人對上帝的篤誠信仰。當時教會宣稱，教宗哄騙信徒們說購買了贖罪券無論犯了多大的罪，可以

得到上帝的寬恕。路德的因信稱義命題，正是針對這種說法的神學依據加以抨擊。

馬丁‧路德在歐洲歷史上的作用是非常重要的，具體來說有以下幾點：

首先，推動了廣大民眾的反封建抗爭，沉重打擊了天主教會和封建勢力。其次，在客觀上結束了天主教內部的統一，結束了羅馬教廷至高無上的統治，新教與天主教，東正教已成為廣義基督教中的三大教派。最後，在宗教改革的影響下，歐洲民眾開始強調個人信仰的獨立，走出了狹隘的思維，自文藝復興以來的人文主義得到進一步傳播和發展。

其次，建立了各種不同的新教派。新教團體只是基督教的一個分支而且是最小的分支。宗教改革運動所帶來的第二個重大結果，是隨之而來的在歐洲廣泛進行的宗教戰爭，其中有些是叫人難以相信的血腥戰爭（例如從1618年到1648年的德國30年戰爭）。結果是德國死了8百萬人，從此德國的天主教人數變為少數，而德國的前身神聖羅馬帝國沒落，2百年後才再組成德意志，而進入現代社會更是在二次世界大戰之後。即使不考慮這些戰爭，在隨後幾個世紀中的歐洲政治舞臺上，天主教

徒和新教教徒之間的政治鬥爭都有著一種主要的作用。

最後，在西歐文化發展中還有著一種微妙難言但非常重要的作用。在1517年之前只有一種國教——羅馬天主教，不信奉國教者就被戴上一頂持異端邪說的帽子，這種氣氛肯定不利於思想獨立。宗教改革運動以後，變了兩種教派，長期抗爭的結果是天主教在17世紀的改革，引入了人民主義的色彩而出現18世紀法國的自由思想，而基督教卻在18世紀沒落而發動其自己的改革，結果產生了宗教思想自由的原則資本主義，最終產生了現代的各種思想，包括社會主義。

馬丁·路德的影響是極為巨大的，他的許多作品都具有廣泛的影響。他的最重要的著作之一是《聖經》的德譯本。這無疑會使任何識字的人都有可能親自學習《聖經》，而不依賴教會及其教士們。自1524年第一本維登堡讚美詩問世起，他寫的許多聖詩至今仍著稱於世。1529年他編寫的《教理問答》和1530年他參與制訂的《奧斯堡信條》均有極其重要的歷史地位。

這一位由德國東部小城出來的中世紀修士，最後成為整個基督教會的表徵。那麼，他在今天象徵些什麼？

首先，他象徵著改教對基督教運動的重要性。改

教並不是幾百年前所發生的一件事，一舉完成，以致我們可以高枕無憂了。第二，教會應該完全依靠上帝的話語，路德說：「教會的全部生命和本質就是上帝的話語。」這話語就是基督耶穌。如果缺少了上帝話語全備而豐富的內涵，教會只不過是一個會所、一間博物館或是一座音樂廳而已。第三，一位聖徒就是一個因信靠耶穌基督，蒙祂的恩典，得到祂拯救的罪人。教會是聖潔的，因為教會的元首基督是聖潔的。雖然是聖潔的，但這身體中的肢體仍然是罪人，不斷需要赦免和領受新的力量。因此路德希望教會是一個具有包容性的教會。在那裡生病的人可以得醫治，貧窮的人得飽足，傷心的人得安慰，缺乏知識的人得到教導，罪人得蒙拯救。

但路德並不是一位完人。傳記作家羅蘭·培登說，1546年路德逝世時，已經是一個「脾氣暴躁，容易發怒，放縱自己，有時還有點粗鄙的老人」。

幸運的是，這位年邁的反抗者的個人缺點並沒有對他崇高的成就造成任何影響。他最終不僅改變了基督教，也改變了整個西方文明，儘管這一切的工作並非僅僅是他一個人做的。路德對歷史做出的最大貢獻不在政治方面，而是宗教上。他就像是一個起點，一道曙光！

從他開始，基督教的信仰的根基開始回到聖經當中，不再是教會的公會議。他對「人如何得救」、「宗教權威性何在」、「何為教會」、「基督徒生活的真諦是什麼」這四個基本問題，給予了鼓舞人心的嶄新答案。而這些具有深遠意義的答案均是他從聖經中所找到的。因此，他的勇敢，為後世新教的發展，以及對聖經原則正確闡釋和堅持都產生了十分重要的作用。直至今日，新教的任何經典描述都必定是這些核心真理的回聲。

注釋

【注4】艾斯萊本：德國中東部城市。在哈茲山東麓、哈雷以西約30公里處。西元994年為集市。1180年建為城鎮。曼斯費爾德銅礦區中心。工業有煉銅、銅製品、煉銀、機械製造、紡織、服裝等。

③ 農民戰爭

　　16世紀德意志早期資產階級革命，首先表現為反對羅馬天主教會的宗教改革，然而波及德意志大部分地區、三分之二農民捲入的農民戰爭則使這場革命達到了頂點。當時，歐洲大多數國家的農民抗爭都還處於一種萌芽狀態，只有在德意志，湯瑪斯‧閔采爾領導的農民戰爭已成為新興資產階級反對封建統治、要求國家統一的革命抗爭的「主力軍」。

　　農民戰爭領袖湯瑪斯‧閔采爾（約1490～1525年）生於哈茲的斯托爾堡。曾就學於萊比錫大學和法蘭克福大學，獲文學碩士和神學博士學位。精通拉丁文、希臘文、希伯來文。先後任見習神父、神父、修道院長和中學教師。閔采爾中學時曾組織秘密團體，反對封建諸侯和天主教會。宗教改革運動初期，他贊同馬丁‧路德的主張，積極宣傳新教教義，但比路德激進。隨著抗爭的深化，路德倒向諸侯後，閔采爾逐漸與路德分道揚鑣。1521年11月，閔采爾發表《布拉格宣言》，提出與路德不同的宗教和政治主張。他呼籲上帝的「特選子民」不要一味死背聖經和「祈禱啞巴上帝」，而「要祈禱活

的、會說話的上帝」，以免受騙。他在《宣言》中還聲稱：「我正在磨快鐮刀，準備收割」，準備為「至高無上的眞理」而抗爭。這實際上是號召人們用暴力革命實現社會變革。他認為，「在普通人掌權的國家裡，根據基督愛的要求，誰也不能高於別人，每人都是自由的，一切財產應當公有。」閔采爾想要建立的是一個沒有階級差別、沒有私有財產、沒有國家政權的一種理想社會。他的理想雖然帶有空想的性質，脫離社會實際，但爲德意志人民的反封建抗爭提供了有力的武器，具有重大意義和深遠影響。

　　1524年，閔采爾奔走於圖林根、薩克森等地區，從事革命宣傳活動，發動農民準備舉行全德武裝起義。在閔采爾的影響下，南德意志地區成爲農民戰爭的策源地。

　　1524年6月～1526年7月的農民戰爭大致經歷了兩個時期，前期從1524年6月～1525年7月，是農民戰爭的高張時期，在此時期形成了以士瓦本、弗蘭肯和圖林根3個中心。1524年6月底，南德史蒂林根伯爵領地上的農民首先舉起義旗，並迅速傳播到德意志大部分地區，導致了一場聲勢浩大、波瀾壯闊的農民戰爭。

史蒂林根的1千多農民軍在漢斯‧米勒的指揮下佔
領了瓦爾茲胡特。不久，農民軍幾乎控制了整個士瓦本
地區，人數擴大到數萬人。起義農民提出許多綱領性條
款，其中較主要的是《書簡》和《十二條款》。由閔采
爾門徒制訂的《書簡》，主張「盡可能不動干戈，避免
流血」，但如果辦不到時，只好使用暴力，用暴力對付
壓迫人民的宮廷、教堂，處死壓迫者和叛徒。《書簡》
是農民戰爭中最激進的綱領。1525年3月制定的《十二
條款》，要求減輕封建剝削，改善農民的政治、經濟地
位，強調「友愛、和平、忍耐與和諧」，而不是消滅封
建制度。《十二條款》是農民軍中溫和派的綱領，表明
士瓦本農民軍中佔優勢的是溫和派，閔采爾的激進派雖
然是核心和骨幹，但居少數派。這一狀況給了封建統治
者可乘之機，他們利用農民軍內部的弱點，施展拉攏、
分化、離間等手段，於4月初將農民軍主力擊潰。

　　1525年3月末，弗蘭肯的農民起義，以諾德林根、
安斯巴赫、洛騰堡、維爾茲堡、班堡和比爾德豪森6個地
區為中心，形成了6支農民軍。弗蘭肯的農民起義規模
最大，抗爭最激烈。他們佔領了數百個城堡和寺院，懲
辦了許多農民痛恨的封建主。但是，弗蘭肯的起義者成

分複雜，沒有統一的指揮、統一的綱領、統一的抗爭目標。據史料記載，起義者們曾提出了3百多個不同的綱領。加上領導權大多為市民和騎士所控制，很快遭到諸侯軍隊的鎮壓。1525年6月初，弗蘭肯的最後一支農民軍——維爾茲堡的農民軍被解除武裝。

農民戰爭的第三個中心地區是圖林根和薩克森。這裡是宗教改革發源地，也是農民戰爭領袖閔采爾的主要活動地區。1525年3月17日米爾豪森的平民集團和市民推翻城市貴族議會，選出實際上由閔采爾領導的「永久議會」。1525年4月底，德意志的封建諸侯拼湊了一支軍隊前去鎮壓。閔采爾親自組織了一支8千人的農民武裝迎敵。但由於缺乏武器和訓練，閔采爾本人也缺乏軍事戰爭經驗，未能抵擋住諸侯軍隊的進攻。5月16日，農民軍被擊潰，3千多起義者慘遭殺害，閔采爾受傷被俘，同年5月27日被殺害。

上述3個中心地區農民起義的失敗基本上宣告了德意志農民戰爭陷入低潮。此後蒂羅爾茲堡地區農民繼續戰鬥，堅持到1526年7月。農民戰爭最後失敗。

在這場戰爭中，10萬以上農民被殺，德意志各地區的農民重又陷入大小封建主的奴役之下。在城市，市民

反對派受壓制，城市特權被剝奪，城市貴族的統治得以恢復，這使德意志工商業日趨衰落，資本主義發展嚴重受阻。

從農民戰爭失敗中撈到最大好處的是封建諸侯。他們奪取了天主教會的財產，獲得了更多的封建特權，加強了對農民的統治和剝削。

但這場農民戰爭從根本上動搖了封建統治基礎，對德意志歷史產生了深遠的影響。

4　30年戰爭

農民戰爭失敗後，宗教改革運動蛻化爲新教與舊教的糾紛，信奉新教的諸侯和信奉舊教的諸侯在宗教糾紛掩飾下爭奪地盤和反對皇帝專權。

1608年，以普法爾茲選侯爲首建立了新教聯盟，追隨者有黑森和帝國一些城市，並得到丹麥、瑞典、法國、英國及俄國的支持。1609年，巴伐利亞公爵發起組織了天主教聯盟，參加的有德意志的天主教諸侯。神聖羅馬帝國皇帝爲重振帝國皇權，也極力限制新教活動，支持舊教諸侯。天主教聯盟得到西班牙、波蘭和羅馬教宗的支持。歐洲列強介入新教與舊教兩大集團的紛爭終於導致了30年戰爭的爆發。

1618年捷克反對哈布斯堡王朝的起義，是30年戰爭的導火線。神聖羅馬帝國皇帝爲在捷克（波希米亞）恢復天主教，指定斐迪南二世爲捷克國王。斐迪南二世下令禁止新教活動，拆毀其教堂。1618年5月23日，布拉格民眾衝入王宮，把幾個官吏從王宮窗擲了出去，史稱「擲出窗外事件」。這一事件引發了30年戰爭。

30年戰爭從1618年至1648年，歷時30年，共分爲四

個階段：

　　1.捷克、普法爾茲階段（1618～1624年）

　　2.丹麥階段（1625～1629年）

　　3.瑞典階段（1630～1635年）

　　4.法國、瑞典階段（1635～1648年）

　　最後，戰爭雙方於1648年10月24日簽訂《西巴伐利亞和約》，結束了這場席捲歐洲的戰爭。《西巴伐利亞和約》規定：法國得到3個主教區（梅林、圖爾、凡爾登）和整個阿爾薩斯（史特拉斯堡除外）。瑞典取得西波美拉尼亞及東波美拉尼亞的一部分、維斯馬城和不萊梅、維爾登兩個主教區，因而得到波羅的海和北海諸港口。正式承認荷蘭、瑞士獨立；帝國境內布蘭登堡、薩克森、巴伐利亞等邦諸侯領地恢復到戰前狀況，諸侯在領地內享有內政、外交上的自主權。

　　這場戰爭使德意志損失了1／3的人口、3百多座城市、2千多個村莊毀於一旦。封建主利用戰爭造成的破壞，大肆霸佔土地，許多自由農變成了農奴，13世紀已被廢止的農奴制得以復活。在易北河東岸地區，自由農就「像白色的烏鴉一樣罕見」。

　　30年戰爭和《西巴伐利亞和約》削弱了哈布斯堡王

朝的統治，加深了德意志境內的分裂割據局面。當時的德意志地區，出現了大大小小360多個獨立邦國，以及4萬個世俗領地和4萬個教會領地。一年有多少天，德意志就有多少個邦國。例如，西巴伐利亞面積僅1，200平方英里，卻存在著52個邦國。領地如此狹小，使邦君不敢輕易進行軍事演習，害怕稍不留神砲彈掉入鄰邦而引出禍端。

政治上的分裂割據也導致了關稅壁壘。易北河上，從皮爾納到萊比錫要通過32道稅卡。從柏林到瑞士，要經過10個邦國，辦10次手續，換10次貨幣，繳10次關稅。度量衡和貨幣十分複雜，僅貨幣就有6千種。皇帝的最後一點權威已蕩然無存，帝國各機構形同虛設，德意志民族的神聖羅馬帝國已名存實亡。

恩格斯指出：30年戰爭所造成的嚴重後果，「使德國有2百年不見於政治積極的歐洲國家之列」。直到18世紀末19世紀初，在外力的作用下，德意志才重又步入歐洲資本主義發展的軌道。這個外力就是法國大革命和拿破崙戰爭。

5　西巴伐利亞和約

　　1998年10月，德意志聯邦共和國前總統羅曼・赫爾措格說了以下一句話：「今天在這裡，有這麼多歐洲首腦聚首一堂，真是十分罕見。」當時，在場的嘉賓有4個國王、4個女王、2名王子、1個大公和幾位總統。這次隆重的集會由歐洲委員會發起，是德國近代50年歷史上一件舉足輕重的大事。這是什麼場合呢？

　　1998年10月是西巴伐利亞和約訂立的350周年。和約往往是歐洲歷史的轉捩點，標誌著重要決策的出現，而且影響深遠。在這方面，西巴伐利亞和約有更深的意義。這個和約在1648年簽訂，不但結束了30年戰爭，同時標誌著由主權國家組成的近代歐洲誕生了。

　　在中世紀，天主教和神聖羅馬帝國在歐洲勢力雄厚。神聖羅馬帝國由多個大大小小的邦國組成，疆土覆蓋了現今的奧地利、捷克共和國、法國東部、德意志、瑞士、低地國家和義大利部分地區，其中以德意志的邦國佔地最廣，因此，神聖羅馬帝國又稱為德意志民族的神聖羅馬帝國。每個邦國都是由諸侯以半自治的方式統治。皇帝是信奉天主教的奧地利哈布斯堡家族成員。由

於神聖羅馬帝國和教宗都大權在握，所以天主教在歐洲權傾一時是必然的了。

到了16、17世紀，舊制度開始搖搖欲墜。在歐洲各地，人們對天主教窮奢極侈的作風非常不滿。宗教改革運動領袖馬丁·路德和約翰·加爾文等紛紛起來，倡議再次奉行聖經的標準。路德和加爾文深受人民擁戴。他們的宗教運動不但引發了宗教改革，也衍變出基督新教。宗教改革運動把神聖羅馬帝國的宗教分裂為3個派別：天主教、路德宗和加爾文宗。

可是，天主教徒不信任基督新教徒，新教徒也輕視他們的對頭天主教徒。在這種氣氛下，兩方信徒在17世紀初分別組成了新教聯盟和天主教聯盟。有些諸侯成了新教聯盟的一分子，有些則加入天主教聯盟。在歐洲，特別在神聖羅馬帝國內，大家互不信任，彼此猜疑，少許挑釁就足以觸發爭端。當時緊張的局勢好比一個火藥桶，只消一點火花就能引發爆炸。事態的發展是，這點火花果然亮起，觸發了一場持續30年的戰爭。

致命的火花導致了歐洲戰火連年。基督新教的統治者嘗試遊說信奉天主教的哈布斯堡家族，希望他們放寬宗教自由，卻遲遲沒有回應。在1617至1618年，波希米

亞（捷克共和國）兩座路德宗的教堂被強行關閉，觸怒了新教的貴族們。貴族們闖入布拉格一座皇宮，抓住3個天主教官員，把他們擲出窗外。事件引發歐洲各地短兵相接、戰火紛飛。

敵對兩派的信徒理應效法和平的領袖耶穌基督，但如今卻彼此對立、相互殘殺。（以賽亞書9：6）在白山戰役，天主教聯盟發動了一次猛烈的進攻，新教聯盟大敗收場，被迫瓦解。基督新教的貴族在布拉格市集被處決。在波希米亞各地，不肯放棄信仰的新教徒，財產全被充公，由天主教徒瓜分。《1648年——歐洲之戰爭與和平》一書描述，那時候被充公的財產重新分配，可說是「中歐史上財產擁有權最大規模的變動」。

波希米亞的宗教衝突逐步升級，演變成一場國際的權力鬥爭。在其後的30年間，丹麥、法國、荷蘭、西班牙和瑞典全都捲入了這場戰鬥的漩渦中。天主教和基督新教的統治者貪得無厭、渴求權力，他們不惜耍手腕，爭奪政治權力，謀取商業利益。30年戰爭分不同的階段，每個階段以皇帝的主要敵國命名。有些參考書把30年戰爭分為四個階段：波希米亞和巴拉丁戰爭，丹麥、下薩克森戰爭，瑞典戰爭，法國、瑞典戰爭。當中大部

分戰役均在神聖羅馬帝國的領土內發生。

那時候，人們所用的武器包括了手槍、火槍、迫擊砲和大砲，瑞典是最大的軍火供應商。天主教徒和基督新教徒全都無法置身事外。士兵衝上戰場，投入戰鬥，不是喊叫「聖瑪利亞」，就是高呼「神與我們同在」。軍隊把德意志的大城小鎮洗劫一空，又濫殺敵軍和平民。戰爭殘酷血腥，跟聖經所載的預言有天壤之別：「國與國不再拔劍相攻，他們也不再學習戰事。」

那一代的德國人在連年戰禍的陰霾下成長，除了戰爭以外，他們彷彿什麼也不懂了。人民對戰事極其厭倦，盼望和平早日來臨。事實上，要不是各地領袖為政治利益拚個死活，和平早就可以實現了。戰爭漸漸失去宗教性質，不再單單是基督新教徒與天主教徒之間的衝突，而是變得越來越政治化。諷刺的是，在幕後推動這個轉變的，竟是天主教會內一個位高權重的樞機主教！

李希留（Cardinal Armand Jean du Plessis de Richelieu）的官銜是樞機主教（注5），他於1624至1642年出任法國首相。李希留希望把法國發展成歐洲霸權。為此，他不惜逐步削弱天主教同胞——哈布斯堡家族的權力。他怎樣做呢？他向德意志各邦、丹麥、荷蘭和瑞典

的基督新教軍隊提供資金，軍隊當時正跟哈布斯堡家族對抗。

1635年，李希留首次調派法國軍隊作戰。天主教徒與基督新教徒之間的紛爭，最終演變成天主教徒聯同基督新教徒跟其他天主教徒的戰鬥。天主教聯盟在17世紀30年代初大大失勢，終於在1635年解體。

西巴伐利亞和約確認了主權的原則。簽署和約的各方都同意，互相尊重領土主權，也不干預別國的內政。由主權國家組成的近代歐洲就誕生了。然而，在這些主權國當中，部分國家根據和約所得的利益較其他的為多。

法國成為了歐洲霸權，荷蘭和瑞士也相繼宣布獨立。德意志的邦國，有不少飽受戰火蹂躪、破敗不堪，因此和約對德意志來說實在弊多於利。德意志的結局在一定程度上是由其他國家決定的。《新不列顛百科全書》（英語）說：「德意志諸侯的得與失，取決於主要強國的利益有沒有受損，這些強國有法國、瑞典和奧地利。」德意志的邦國並沒有聯合起來成為一個國家，相反像以往一樣四分五裂。不但如此，有些領土也得歸其他國家管轄，如德意志的主要河流——萊茵河、易北河

及奧德河的部分地區。

　　和約給30年戰爭畫上句號，許多敵國也能化干戈為玉帛。這是歐洲最後一場大規模的宗教戰爭。然而，戰爭並沒有從世上消失，只是開戰的原因不再是宗教分歧，而是關係到政治和商業因素。這不是說宗教在歐洲的交戰國中失去了影響力，因為在兩場世界大戰中，德國軍人的皮帶扣上，就刻有一句人所熟知的口號：「神與我們同在」。在這兩場殘酷不仁的戰爭中，天主教徒與基督新教徒一再聯手，對抗另一方的天主教徒和基督新教徒。

注釋

【注5】樞機主教：教宗治理普世教會的職務上最得力的助手和顧問，依法享有選舉教宗的權利，並以集體方式協助教宗處理較重要的事項，或個別地協助教宗處理普世教會的日常事務。

普魯士王國的興起

　　30年戰爭後，德意志開始出現一種「畸型」的專制制度。它不像歐洲其他國家那樣是一種中央集權的專制制度，而是一種德意志各邦的邦專制制度。這種邦專制制度導致帝國災難性的分裂，阻礙了德意志民族國家的發展進程。在各邦國中，對德意志的歷史發展具有重大影響的除了奧地利外，當數普魯士王國。普魯士王國的核心地區是布蘭登堡，因而瞭解普魯士的興起首先就得瞭解布蘭登堡的發展過程。

　　約於西元前1世紀上半葉，日耳曼人征服了易北河東岸地區。5、6世紀，由於民族大遷徙，大部分日耳曼人離開此處。留下的日耳曼人逐漸與由東方遷來的斯拉夫人融合，形成斯拉夫人居住區。928年，薩克森王朝國王亨利一世佔領了哈韋爾人的主要城堡布蘭登堡，後被奪回。亨利之子奧托一世繼續東進，推行「重新征服舊日耳曼人居住區的政策」。布蘭登堡又為薩克森王朝所有。983年，此處文德爾人叛亂，使德意志在這裡征服的領地全部喪失，德意志帝國的疆域仍以易北河為界。

　　12世紀上半葉，統治帝國的薩克森王朝皇帝洛塔爾三世再次征服布蘭登堡，並於1134年4月11日將此處作為

軍事采邑授予亞斯卡尼亞家族的安哈爾特伯爵。從此，布蘭登堡就一直在德意志的版圖之內。

在亞斯卡尼亞家族統治下，布蘭登堡得到了發展和加強。1252年，伯爵約翰一世取得選帝侯稱號。到這個家族的最後一任伯爵瓦爾德馬爾時，布蘭登堡的版圖已達4.5萬平方公里，還建立了柏林、科倫、法蘭克福、古本等城。1320年後，由於亞斯卡尼亞家族後續無人，布蘭登堡處於近一個世紀的紛繁易主的混亂時期。

1415年4月30日，紐倫堡指揮官、霍亨索倫家族的弗瑞德里希六世成為布蘭登堡選帝侯。這就開始了霍亨索倫家族在布蘭登堡的統治。此後，布蘭登堡領地面積迅速增長，幾乎每一代統治者都征服或「購進」了新的領地。

1594年，約翰‧西吉斯蒙特娶了臣屬波蘭王國的普魯士公爵的女兒安娜‧馮‧普魯士為妻。1618年，普魯士公爵去世，因無男嗣，普魯士公國轉讓給霍亨索倫。1655～1660年波蘭與瑞典戰爭，布蘭登堡選侯弗瑞德里希‧威廉聯波反瑞，獲勝。根據《奧利瓦和約》，布蘭登堡獲得對普魯士公國的主權，布蘭登堡、普魯士專制政權建立。1700年，弗瑞德里希三世利用奧地利參與西班牙王位繼承戰爭的之際，把布蘭登堡的軍隊出租給哈布斯堡皇帝去打仗，從哈布斯堡王

朝的利奧波德一世那裡獲得「普魯士國王」稱號，把位於德意志神聖羅馬帝國疆土以外的普魯士公國升格為王國。

1701年1月18日，布蘭登堡選帝侯弗瑞德里希三世在哥尼斯堡的宮廷中舉行加冕禮，成為普魯士國王，稱弗瑞德里希一世。然而，「國王」這一稱號還僅僅限於不屬於德意志帝國的普魯士。這位新國王在他的其他領地中還仍然保持選帝侯和伯爵的稱號。到弗瑞德里希二世（大王）時（1740～1786年在位），整個布蘭登堡、普魯士才逐漸構成為一個普魯士王國。

普魯士王國建立後，便竭力擴充軍隊，擴展領土。在三次西里西亞戰爭中（1740～1742年、1742～1745年、1756～1763年），奪取了奧地利的富裕省份西里西亞，進入了歐洲大國的行列。1772年，參與俄、奧第一次瓜分波蘭，取得西普魯士等地，把王國的領土和人口從1740年的11.9萬平方公里和225萬人增加到1786年的19.5萬平方公里和350萬人。接著，在參與第二次（1793年）、第三次（1795年）瓜分波蘭中，又先後取得但澤、托倫、南普魯士、華沙以及東北普魯士等地區。其後，雖在19世紀初由於拿破崙的進攻，普魯士王國一度陷於崩潰的境地。但經過萊比錫、滑鐵盧戰役和維也納會議，它的領土達

27.8萬平方公里，人口1,040萬人，成爲歐洲軍事強國。

　　布蘭登堡最初是作爲軍事采邑分封給薩克森王朝貴族軍官的，黷武精神一直成爲這裡領主的「傳統」。正是依靠軍事武力，使它得以不斷擴展版圖。普魯士王國建立後，更加不斷擴充軍事力量，軍隊從3.8萬人增至8.3萬人，成爲一個軍事強國。當時，普魯士人口在歐洲大陸居第十三位，領土居第十位，軍隊卻居第四位。軍隊成爲王國的中心，國中之國，工、商、農、文化等一切的發展都視其能否增強軍事力量。軍費開支佔全部國家收入的7/11。曾有人這樣描述普魯士的軍國主義：「對其他國家來說，是國家擁有一個軍隊；對普魯士而言，則是軍隊擁有一個國家。」

　　依靠龐大的軍事官僚機構，普魯士實行著君主專制主義統治。各部各級均以忠誠爲行動準則。弗瑞德里希·威廉一世聲稱：「朕乃君主，故應爲所欲爲。」官吏對於國王，也像士兵對軍官一樣，只有無條件服從，不要求他們想問題，不要求他們發揮主動性。所有內政、外交的重大決策均出自國王獨斷。馬克思在描寫普魯士專制主義時指出：「你每邁一步，甚至只是走動一下，都要受到萬能的官僚制度這個純粹普魯士土生土長的第二天神的干涉。」

第4章
從蠻荒到啟蒙運動：1648～1789年

1 摧毀封建德意志的力量

一般認為，1618～1648年30年戰爭的結束，標誌著德國宗教改革的結束和近代歷史的開始。根據1648年的西伐里亞和約，神聖羅馬帝國境內的新教（路德教、加爾文教）與舊教（天主教）地位平等；帝國內各諸侯擁有內政、外交的一切權力，帝國完全徒有虛名，分裂狀況比戰前更嚴重，計有3百多個諸侯國、1千多個騎士領地，只有皇帝和帝國議會表明帝國的存在。戰爭的破壞、勞動力缺乏以及戰後的分裂狀態，使德國的經濟長期處於衰退狀態。尤其是新航路的開闢，貿易中心從地中海轉向大西洋沿岸，使德國失去了貿易中轉站的地位。為了保證農業勞動力，地主加快了16世紀末以來的農奴制再版進程，尤其是在東北德意志和北德意志。

進入18世紀，德意志的資本主義關係初步成長起來，農村中普遍興起分散的手工工廠，在一些經濟較發達的地區，出現了集中的手工工廠，1785年在德意志安裝了第一臺蒸汽機。然而，直至18世紀末，德意志仍處在資本主義工廠手工業的初級階段，資本主義關係的發展非常微弱和緩慢。造成這一狀況的根本原因，在於德

意志的封建農奴制和封建分裂割據局面。

　　復辟的農奴制嚴重摧殘著農業生產力。西部地區雖然由於歷史的原因，實行的是地租莊園制，農民以繳納實物或貨幣代役租來對地主履行封建義務。但地主仍可按照封建特權不斷增加代役租，任意限制農民的財產和人身自由。農民出賣或繼承產業時，須交給地主相當於產業值的1/5到1/3的「轉手費」，一年中要為地主服2～4星期的勞役，連結婚也須求得地主同意。在易北河以東地區，普遍盛行著以勞役制為基礎的領地莊園制。地主依靠享有的「領主裁判權」、「警察權」和「教會保護權」，肆意剝奪農民的財產，支配農民的勞動時間，限制農民的人身自由。農民實際上被看作「羅馬法意義上的奴隸」。在波美拉尼亞，農民被作為不動產，領主估價自己莊園的財產是連同農奴一起計算的。梅克倫堡的法律規定，地主有權不連帶土地而單獨出賣農奴，農民每週至少服徭役3～4天，經常是5～6天，有的地方甚至達到每年288個人工日和無數的畜工日。隨著農產品商品率的提高和莊園經營的擴大，勞役又不斷增加，而且擴大到農民的妻子和兒女身上。農民只得在有月光的夜晚用筋疲力竭的牲口來耕種自己的土地。這種

腐朽的人身依附關係，貶低了人的價值，惡化了農民的處境，降低了農民的生產積極性，使德意志的農業生產一直處在極端低下的水準。

18世紀末，英、法早已克服行會的傳統束縛，德意志的手工業卻完全為行會所控制，一切古老的法規和條例仍在嚴格執行。行會對其組織之外的手工業者嚴加排擠和迫害，關門傾向有增無減，手工業一蹶不振。加之封建分裂割據局面，諸侯火併，外國介入，以及各邦自成體系，關卡林立，使國內市場難以形成，自然經濟難以衝破，農奴制度難以瓦解，工農業中的資本主義關係難以成長。

落後的經濟和政治關係，使德意志雖已萌發了資本主義關係，但尚未具備向封建生產關係衝擊的內部條件，德意志民族還形成不起推翻封建勢力的革命力量。

震撼德意志封建基礎的力量來自外部。法國大革命的爆發，「像霹靂一樣擊中了這個叫做德國的混亂世界」，使「正在封建泥沼中奄奄一息的德國又獲得了生活能力」（恩格斯語）。法國人民攻打巴士底獄的砲聲，人權宣言的吶喊聲，處死路易十六的吼聲，聲聲驚雷首先在德意志大地上得到迴響。

② 人民反封建抗爭

　　受法國大革命的影響最早，反封建抗爭表現得較爲激烈的是鄰近法國的萊茵區。1789年秋，特利爾、美因茲、亞琛、索爾布呂肯、普法爾茲等相繼發生拒服徭役和拒繳租稅的事件，有的地區發生暴動。1790年春，薩克森農民起義，規模很大。全德從西到東，烽火連綿，大有釀成農民戰爭之勢。

　　城市中的手工業幫工也不斷騷動，罷工示威此起彼伏。1793年初，西里西亞的城市發生了織工暴動，得到了農民和幫工的支持。1793年紐倫堡、1794年斯圖加特和德勒斯登都發生了大規模的罷工和示威。1794～1795年漢堡爆發了裁縫工人起義。

　　資產階級民主派和貴族自由派也投入鬥爭。各大學的學生植自由樹，視法國革命爲自由新世紀的破曉。市民階級提出廢除教士和貴族的封建特權，他們要求參與政權。一些「奧地利雅各賓黨人」甚至想組成一個政治組織，號召全德協同起義，響應法國革命，推翻德意志的封建割據統治。民主運動中心的美因茲，革命分子仿效法國第三等級，組成了德意志雅各賓俱樂部「自由與平等之友社」，

福斯特被推選為該社主席。

　　格奧爾格·福斯特（1754～1794年）生於但澤，少年時就深深感受了沙俄民族壓迫的殘酷。17歲到20歲，隨父親環球考察，領略了異國的風情，累積了大量的社會經驗，培養了敏銳政治眼光。1778年，青年福斯特返回德意志，以飽滿的熱情進行民主活動。他預感到歐洲政治風暴即將來臨，1782年3月30日，他在給父親的信中寫道：「歐洲看來已到達可怕的革命時刻。群眾被糟蹋成這個樣子，以致只有流血才能濟事了。」當巴黎革命凱歌高奏、萊茵河左岸義旗招展時，福斯特便義無反顧地投身於革命行列。

　　1793年3月17日，萊茵德意志國民大會開幕，福斯特當選為副議長。大會委派福斯特率一個3人代表團訪法，向巴黎國民公會宣告：萊茵河和摩澤爾之間地區為自由獨立的共和國；與德意志帝國和皇帝斷絕關係；加入法蘭西共和國；廢除貴族和教士的封建特權。這是德意志土地上出現的第一個共和國——美因茲共和國。教會貴族和世俗貴族被趕跑，經濟、政治、文化生活都按資產階級的民主法則加以改造，生活在共和國的公民，就像福斯特所說的：「由教士們壓迫、踐踏而默默無言

的奴才，變成挺身直立、高聲談話的自由公民，變成自由平等的果敢的朋友了。」

由於國家和民族在政治上和信仰上的分裂，以及資產階級經濟上的不強大，政治上的不自覺，使各地人民反封建抗爭始終未能形成一場全德範圍的革命。1793年春，萊茵河左岸大部分地區重又落入封建勢力之手，美因茲共和國經過3個多月的保衛戰，終於失敗。1794年1月10日，福斯特英勇就義。

對德意志的更大震撼和起決定性直接影響的，還在於新法國和舊歐洲列強之間的衝突。封建君主國干涉法國革命的進程，最終導致了德意志政治局勢的大變化。

3 反法聯盟戰爭

　　法國革命的節節勝利，人民的反封建抗爭，使德意志各邦君主驚恐萬分。他們爲法國逃亡貴族提供反革命據點科布倫茲，參與策劃法國國王夫婦的逃亡計畫。1790年夏，普、奧兩邦締結賴辛巴赫協定，捐棄前嫌，攜手對付革命的巴黎。1791年7月6日，在法國路易十六逃亡陰謀敗露後，奧地利皇帝利奧波德二世從帕多瓦向歐洲宮廷發出通告，要求共同對巴黎施加壓力，逼革命的法國讓步，保護路易十六。普王弗瑞德里希・威廉一世更主張建立君主聯盟。7月25日，在維也納簽訂了普、奧協定，決定對法國革命採取共同行動。

　　8月27日，普王和奧皇在薩克森的皮爾尼茲發表聲明，公開宣稱所有君主對恢復法國王權的關懷，並爲實現這一目標將不惜使用武力。1792年2月7日，普、奧簽訂友好防禦條約，正式結成反法的軍事同盟。4月20日，法國掌權的吉倫特派對德宣戰。普、奧遂即調兵遣將，趁機進擊。10萬奧軍和4萬多普軍集結於萊茵河、摩澤爾河畔，妄圖一舉擊潰法軍。7月25日，干涉軍司令布勞恩斯魏克公爵卡爾・威廉・斐迪南從科布倫茲發

布（由法國逃亡貴族起草的）宣言，揚言：如果法國王室受到傷害，將把巴黎夷爲平地。

　　然而，普、奧各懷鬼胎，彼此關心的是藉機壯大自己，削弱對方，終難協調一致。9月20日瓦爾米一戰，干涉軍慘敗，撤回德意志。法軍乘勝進軍，於年底佔領美因茲、布魯塞爾和亞琛等大片西部地區。首次對法進軍的失敗，使貌合神離的普、奧聯盟裂痕加深。普魯士趁奧地利軍事失利之際，轉向俄國，於1793年1月23日在聖彼德堡簽訂普、俄條約，越過維也納，與俄國再次瓜分了波蘭。奧地利則一如既往，繼續對法採取軍事行動。3月22日，新皇法蘭茲二世操縱帝國議會作出決議，德意志帝國對法宣戰，並加入以英國爲首的第一次反法聯盟。1793年冬，聯軍利用巴黎的黨派鬥爭，發起攻勢，取得了一些戰績，收復亞琛，進入比利時，包圍美因茲，佔據法、德邊界要塞。但是，革命的法國很快又恢復了自身的活力。羅伯斯比爾採取果敢有力的措施，連敗聯軍，將之趕出法國領土。1794年，法軍又取得決定性勝利。5月的孚日山戰鬥，使普軍陷入困境。6月，奧軍慘敗於弗勒里斯，退出南尼德蘭。9月，奧軍在北方受挫，退過萊茵河。10月，科隆、波昂、科布倫

茲陷落，法國開始了在萊茵河左岸地區的20年統治。

面對干涉戰爭的敗局，普魯士決定單獨與巴黎媾和。經過反覆討價還價後，1795年4月5日，雙方在巴塞爾簽訂和約，普魯士聽任法軍駐留萊茵河左岸，得到的補償是由它控制整個北德意志。柏林此舉，加深了德意志的不和與分裂。維也納決心把戰爭繼續下去，並向英、俄靠近。1795年9月25日，奧、英、俄結成三國同盟，共同對法作戰。可是俄國另有謀劃，歐陸的反法戰場上，實際只有奧軍在艱苦鏖戰。

1796年初，反法戰爭的局勢發生劇變。拿破崙奉命遠征在奧地利統治下的義大利，拿破崙利用法軍高昂的士氣，施展自身的指揮才能，連敗奧軍，1796年8月至次年1月的四次戰鬥，給奧軍毀滅性的打擊。1797年10月18日，法、奧簽訂了坎波福米奧和約。奧地利放棄它所屬的尼德蘭和直到阿迪河為止的義大利，同意割讓萊茵河左岸地區。第一次反法聯盟被粉碎。

時隔不久，反法國家又建立了第二次反法聯盟，主要參加國有英國、奧地利、俄國和奧斯曼帝國，普魯士中立。1799年春，35萬聯軍向法軍攻擊，連連得手。6月，奧軍直逼阿爾薩斯。8月，俄軍在義大利北部擊敗

法軍，將之趕出義大利。接著，俄、英軍隊在荷蘭登陸。反法聯軍從義大利、瑞士、德意志的萊茵和荷蘭四個方面進逼法國。然而，第二次反法聯盟比第一次聯盟分裂得更快。奧地利獨吞義大利的野心引起沙俄的惱怒。沙皇宣布退出聯盟，召回全部俄軍。恰在這時，被

國內危急形勢震驚了的拿破崙從北非回國，於11月9日發動政變，成立執政府，立即揮戈北義。1800年6月14日，法、奧在馬倫戈遭遇，奧軍大敗。12月3日，奧軍又在巴伐利亞的霍亨林登戰役中損失慘重，一蹶不振。1800年2月9日，與法國簽訂呂內維爾和約。據此，德意志帝國完全被排斥出萊茵河左岸，萊茵河從此成為德、法的國界。1,150平方英里的領土及近4百萬居民被劃歸法國所有；奧屬尼德蘭和盧森堡為法國所得；奧地利在1797年獲得的前威尼斯領地的一部分也被剝奪。

在法國的支配作用下，1803年2月25日德意志帝國代表會議通過一個總決議，取消了112個帝國諸侯領土，約有3百萬人改變邦國國籍；廢除教會諸侯，實行教產還俗；歸併許多帝國城市，僅漢堡、不萊梅、盧貝克、奧斯堡、法蘭克福和紐倫堡仍為帝國直屬城市。普、奧在這次「領土轉移」中得利最大。巴伐利亞、符登堡、巴登也擴大了領土，但必須以充當法國的附庸為代價。

干涉戰爭的節節失利，也使德意志國內封建割據勢力和封建制度不斷削弱。大批割據小邦的取消，等於清除掉一大堆阻礙建立統一民族大廈的廢墟。廢除教

會諸侯和教產還俗，使德意志封建統治支柱天主教的權力、組織和生存遭到一次沉重的打擊。而眞正標誌著封建制度削弱的，則是與軍事失敗相伴而行的各邦人民的起事。1795年柏林幫工暴動，1799年波美拉尼亞、1803年東普魯士農民騷動。在西里西亞及北德地區，農民騷動和工人罷工持續不斷。在法軍佔領的萊茵河左岸，廢除世俗和教會貴族的特權，實行資產階級的權利和自由，一些共和主義者甚至在那裡開展第二個德意志共和運動，效仿法國，建立萊茵河左岸共和國。封建統治者被迫進行一些改革。1794年6月生效的北德「通用邦法」，雖本質上仍維持封建統治，但對資產階級的平等、自由等要求作了讓步。普魯士則在1799年和1805年間實行解放國有土地上的農民的政策。

　　正當帝國政治處於急速瓦解之際，反法的干涉戰爭再起，拿破崙不斷擴大在德的戰果，進一步掃蕩了德意志的封建勢力。

4　萊茵聯邦和帝國終結

　　1805年，俄、英組成第三次反法聯盟，奧地利加盟，普魯士仍守中立。拿破崙先發制人，集中力量打擊奧地利。10月20日，法軍在烏耳姆擊潰奧軍，並於11月間直搗維也納。12月2日，在摩拉維亞的奧斯特爾利茲村附近三皇會戰，拿破崙大敗10萬俄、奧聯軍。奧皇求和，於12月26日簽訂普雷斯堡和約。根據和約，奧地利承認巴伐利亞和符登堡爲王國，巴登爲大公國（它們均爲法國的盟國，在拿破崙的支持下，已擺脫對哈布斯堡王朝的任何從屬關係）；奧地利賠款4千萬弗洛林；維也納承認法軍對義大利皮蒙特、熱那亞、帕爾馬等的佔領，把亞得里西海沿岸的領土威尼斯等讓與拿破崙爲王的義大利王國。這樣，奧地利總共割讓了1,140平方英里、80萬居民的地區，由此損失了1/6的臣民和1/7的國家收入。哈布斯堡王朝在德意志的優勢喪失了。接著，拿破崙繼續掃蕩德意志西部、南部直屬帝國的小邦割據勢力，把總共550平方英里、120萬居民的地區分配給法國庇護下的16個德意志邦。

　　1806年7月12日16日，巴伐利亞國王、符登堡國王、

巴登大公、黑森-姆斯塔特大公以及拿索的幾位公爵、列支敦斯登侯爵等16個德意志邦國的代表在巴黎簽署了一個萊茵聯邦議定書，正式宣布：自1806年8月1日起，放棄德意志帝國爵位，脫離帝國，組成萊茵聯邦，設兩院制的議會於法蘭克福。拿破崙支配著聯邦的外交和軍事。

這個被稱為「第三德國」的萊茵聯邦的成立，不僅使拿破崙獲得了對付普、奧的有力拱衛，也是德意志政治地圖的大調整。名存實亡的德意志民族的神聖羅馬帝國徹底失去存在的基礎了。8月1日，拿破崙發出通知，他不再承認德意志帝國。8月6日，查理大帝第54代後裔德意志帝國皇帝法蘭茲二世發表宣言，宣布神聖羅馬帝國皇帝的稱號已不復存在，一切帝國議會等級代表的義務也已解除，他本人僅保留奧地利皇帝的頭銜，稱法蘭茲一世。這樣，存在8百多年的德意志民族的神聖羅馬帝國壽終正寢了。

摧垮奧地利以後，拿破崙便集中力量對付普魯士。為消除法國的軍事威脅，1806年9月，普魯士會同俄、英組成第四次反法同盟。10月6日，拿破崙向柏林宣戰。10月14日，兩軍在耶拿和奧爾斯泰特交鋒，拿破崙全殲普軍，並乘勝佔領普魯士的大部分領土。10月27日，法

軍進入柏林。之後，普魯士一度在俄國的支持下繼續抵抗，但終難挽回敗局。1807年7月9日，普、法簽訂提爾西特和約，規定，普魯士在波蘭奪得的全部領地被剝奪，在這些領地上組成華沙公國；普魯士易北河左岸的全部領土劃歸新成立的西巴伐利亞王國；責成普軍由14萬人裁減為4萬人；普魯士償付法國1億法郎的賠款，15萬法軍駐紮在普魯士直至賠款付清撤走。條約使普魯士的人口和領土都減少一半，降到三等國的地位。

第5章
創立第二帝國：1789～1871年

拿破崙在德意志的統治

1805～1807年的軍事勝利，使拿破崙佔據和控制了德意志的大部分。根據不同的地理和政治環境，拿破崙採取了不同的方法進行控制。他將緊連法國的萊茵河左岸地區，納入法蘭西帝國版圖，由帝國中央直接統治。派他的弟弟傑羅姆爲西巴伐利亞王國國王。視拿破崙爲保護人的萊茵聯邦則完全成了帝國的附庸。拿破崙以其強大的軍事優勢迫使支離破碎和被肢解了的普魯士王國和奧地利帝國充當反英反俄的附庸。

爲了給法國資產階級社會在歐洲大陸上創造一個符合時代要求的適當環境，拿破崙在對德意志實行軍事佔領、政治統治和外交操縱的同時，按照法國的模式，強力推行資產階級改革。

打擊教會勢力，取消教會特權，打破政教合一的傳統觀念，使教會失去作爲與國家並列的公共權威的地位。在很多地方，趕走教會貴族和主教，解散修道院；廢除什一稅，沒收教會財產；取消教會法庭；法律保護信仰自由，天主教徒、新教徒、猶太教徒和不信仰宗教者，同享公民權。

摒棄貴族的封建特權，建立個人在法律上的平等權利。封建等級被清除了，社會由教士、貴族和庶民等等級構成的理論讓位於社會由法律上平等的個人構成的理論；貴族免於納稅、佔據官職和控制軍隊的特權被剝奪了，各種職業和職位向有才能的人開放。

廢除農奴制，解除農民對地主的封建義務。在法國佔領和控制的西德和南德等地區，人身依附的莊園制實際上不存在了。領主喪失了對農民的一切舊約的管轄權；農民由領主的臣民變成國家屬下的人民，有職業、

遷徙、婚姻和訴訟等自由。由此，在西部和西南部，像在法國一樣，造成了一個人數眾多的擁有小土地的自由農民階級。

取消行會法規，普遍宣告人人享有勞動權，可以隨意學習並加入任

何行業。此外，還廢棄國內關稅，鼓勵德意志境內的自由貿易；統一貨幣和度量衡。

革除古老的典章制度，推行拿破崙法典。拿破崙十分強調法治，他在給傑羅姆的信中告誡道：「德意志的各國人民，像法蘭西、義大利、西班牙等國人民一樣，也需要平等和自由的思想。……我確信特權階級耀武揚威到處都是遭人憎惡的。你要做一個立憲的國王。」於是，法國大革命的一些積極成果都在德意志廣為傳播。法院與行政機關分開了，世襲官職和鬻賣官職消失了，王公高官濫用財政杜絕了，國王也列在文官薪俸表上，個人開支同政府開支嚴格區分。

由於不停頓的軍事進逼和強大的反法力量的阻撓，拿破崙在德意志的改革缺乏統一的計畫和堅定有力的實行。但此舉畢竟對德意志的發展影響甚大。正是拿破崙猛烈蕩滌著封建割據勢力，才使德意志有了近代的工業。所以恩格斯說：「德國資產階級的創造者是拿破崙。」「他在德國是革命的代表，是革命原理的傳播者，是舊的封建社會的摧毀人。」

② 改革前的形勢

　　對法戰爭把德意志——尤其普魯士——引向崩潰的
邊沿。軍事行動帶來了經濟的嚴重破壞，連年戰爭造成
了國家財政枯竭。普魯士原就是一個以軍事為中心的國
家，18世紀末，它的國家歲入7百萬塔勒，軍費支出高達
6百萬。如今因為軍事的失利還得承擔法軍的巨額戰費。
根據提爾西特和約，普魯士要承擔1.5億法朗賠款和供養
15萬法國佔領軍。以1807年到1812年5年間，普魯士在減
少一半人口和歲入的情況下，共付給法國10億多法朗的
軍稅。加上被迫參與拿破崙的大陸封鎖，中斷了與英國
的貿易，使工農業遭到嚴重的損害。所有這些，使德意
志的社會經濟生活陷入混亂狀態。

　　經過1806、1807年的戰爭。普魯士很多莊園遭到搗
毀。多數貴族窮困潦倒，無力重建莊園。如果能革除限
制土地自由買賣的舊規，允許市民購置貴族的莊園，即
可引城市資本流入農村，因而引起農業的資本化，而農
業資本化的最終實現又是以私人土地上的農民解放為前
提的。因此，對農業實行徹底變革已刻不容緩了。

　　戰爭的慘敗和屈辱和約的簽訂，使普魯士人從封建

的德意志與資本主義的法蘭西的較量中，愈來愈看清農奴制社會的衰敗和腐朽。一批深受英、法社會影響的有識之士，強烈地意識到，「當時歷史環境除了提供走向資產階級國家的出路之外，再沒有達到民族復興的別的出路。」統治階級中的一些明智者也看到，照舊維持農奴制的統治，非但不能使德意志擺脫拿破崙的壓迫，而且也無法政治的破產。貴族騎士史坦恩告誡：「如果國家要想在迅速改變的世界中保存自己，就必須對封建秩序進行改革。」

拿破崙關心戰爭賠款的兌現、軍稅的收入以及拆散有可能結成的俄、奧、普君主同盟，不希望普魯士等邦國破產，因而也支持改革。況且在他佔領和控制的華沙公國、西巴伐利亞王國和萊茵聯邦早已實行廢除農奴制的資產階級改革了。

總之，來自下層和上層的壓力，內部和外部的因素，使德意志各邦政府不得不實行自上而下的農奴制改革，以便一方面利用農民來反拿破崙的壓迫，防止國家覆亡，另一方面穩定國內局勢，挽救大土地所有制，鞏固搖搖欲墜的容克統治。1808年在巴伐利亞、1812年在拿索、1817年在符登堡、1820年在黑森-達姆斯塔特和巴登、1821年在庫爾格辛等都廢除了農奴制。其中，以普魯士的改革時間最早，內容最典型，影響最深遠。

3　史坦恩改革

　　1806年以後，普魯士雖縮回到了易北河以東舊有的保有地，但在全德邦國中，它畢竟是對法國依附性較少的獨立王國。因此，在德意志的愛國者心目中，它具有民族主義的道義上的優勢。一大批有較高文化素養的愛國志士直奔那裡，共商民族獨立和振興國家大計。普魯士成了全德爭取民族自由、變革舊制的中心。實際上，19世紀初普魯士的資產階級改革，正是德意志民族共同創造的成績。活躍在普魯士土地上的優秀人物，不論是思想家費希特、黑格爾，軍事改革家格奈森瑙、沙恩霍斯特，還是政治改革家史坦恩、哈登堡，他們都不是普魯士人。

　　卡爾・馮・史坦恩男爵（1757～1831年）來自西部德意志，帝國騎士出身。他較早接受英、法資產階級思想，潛心研究法國的啓蒙思想以及康得和費希特的哲學。1786～1787年去英國旅行，深受英國古典政治經濟學的影響，對資本主義的政治、經濟體制有了較深刻的瞭解。這使他比易北河以東那些抱殘守缺的地主更能適應新時代的潮流。史坦恩在格廷根大學主修法律，畢

業後出任普魯士的官吏，先是被任命為西巴伐利亞礦山的最高領導、高級礦業顧問，後出任萊茵西巴伐利亞議院議長。1804～1807年擔任普魯士稅務工商大臣。因力主改革一度被革職。提爾西特和約簽訂後，1807年9月被普王任命為首相。史坦恩改革的基本思想是，變以等級出身為基礎的君主專制國家為以階級（財產）為基礎的現代立憲國家，而實現這個目標的關鍵是，把君主的臣民變成真正的國家公民。史坦恩首先著力於廢除人身依附關係，解放農民。早在1799～1805年間，普魯士就在皇家領地上實施了解放農民的改革，但私人領地上的農民解放為數極少。史坦恩格外憎恨易北河以東的地主對農民的殘酷壓榨，譴責那裡的貴族宮殿是「虎狼之窟」，「這些虎狼把周圍的一切糟蹋殆盡，自己置身於墓穴一樣死寂的環境中洋洋自得。」1807年10月9日，史坦恩頒布一項法令——《關於放寬土地佔有的條件限制和自由使用地產以及農村居民的人身關係》，史稱「十月敕令」。法令規定，廢除一切人身隸屬關係，世襲的、非世襲的及契約的依附關係一概取消。宣布自1810年聖馬丁節（11月11日）起，再不允許存在莊園農民的隸屬關係，整個普魯士王國從此「只有自由人」，

農民有權支配自己的財產，可以離開土地自由選擇職業和結婚等。法令同時確認，貴族、地主、市民、農民均可自由經營工商業，撤銷對土地自由處理的一切限制，市民和農民可以購置莊園的地產。

　　為了扶植工商業的發展，刺激莊園地產的資本化，確保農業改革順利進行，史坦恩又著手進行市政改革。1808年11月19日發布了《普魯士王國各城市法規》，規定：城市有自治權，有財政、教育和公共事務管理權，國家只保留對城市的最高監督權、司法權和部分警察權；城市的行政中心是市議會，議員由市民無記名投票選出。按法規確定，年收入在150塔勒（大城市為200塔勒）的市民就有選舉權。這就摒棄了以出身決定人的社會地位的封建等級觀念，確認了以財產和收入決定人的社會地位的資產階級法則。根據法規要求，1809年4月，柏林舉行首次普選，15.6萬居民中有1.1萬人參加選舉，選出的議員102名均為有產者階級。工商業資產階級開始執掌城市的權力，封建行會受到嚴重的削弱。史坦恩甚至準備把這一改革推向農村，實行鄉村自治，後因被解職未能實現。

　　國家行政改革，是史坦恩採取的第三個行動。國家

機關的癱瘓狀態和政治的黑暗混亂局面，使史坦恩深感必須革除貴族專權的行政管理制度。1808年11月24日，他發布一個《改善國家最高行政管理機構的規章》。據此，取消國王內閣，解散總管理局，成立內務、財政、外交、軍政、司法五個部，負責國家事務，還計畫在五個部之上設立一個國務院作為最高的行政機關，國務院任命各省省長。

史坦恩改革雖不很徹底，特別是在解放農民問題上，土地所有權問題並沒有解決、農民還需負擔繁重的地租、徭役等封建義務，地主還保有許多控制農民的特權，諸如領主裁判權、教會保護權和警察權等等。但是史坦恩改革衝擊了普魯士地主特權和官僚體制，因而招致地主的仇視，特別是當易北河以東的莊園主獲悉史坦恩擬把改革擴大、深化的時候，更是視之為禍害。他們狂呼：「史坦恩比拿破崙更嚴重地損害了普魯士國家。」叫嚷：「寧要三次耶拿戰役，不要一個『十月敕令』。」地主頑固派千方百計加害史坦恩。

史坦恩懷著強烈的民族主義感情對抗拿破崙的壓迫。在他出任首相前夕寫下的《拿索備忘錄》中，就激昂慷慨地號召人民團結一致，「恢復對國家、對獨立

和民族榮譽的感情。」他掌權後便把迫使法軍從普魯士撤走、擺脫拿破崙的制約作為外交的中心。1808年上半年，西班牙反法民族起義使史坦恩大為振奮，認為反抗「邪惡的暴君」、「為德意志人解救國家」的時刻已經到來。他在一封致維特根史坦恩侯爵的信中，主張全德應支持正在醞釀中的奧地利反法戰爭，在北德舉行起義。反對改革的地主設置圈套，使這封信落入法國人手中。拿破崙勃然大怒，迫使普王於11月24日將史坦恩解職。1個月後，拿破崙從馬德里下了手諭，宣布史坦恩為法蘭西和萊茵聯邦的敵人，不受法律保護。史坦恩逃亡國外，1813～1815年與其他德意志愛國者組織了「德意志事務委員會」，繼續致力於解救普魯士的事業。

新接任的內閣庸碌無能，到1810年春，普魯士的混亂局面已不可收拾。拿破崙也大為不滿。10月27日普王任命哈登堡組閣，繼續史坦恩的改革事業。

哈登堡改革

卡爾‧奧古斯特‧馮‧哈登堡（1750～1822年）生於漢諾威的埃森羅德的一個貴族家庭，1791年到普魯士任職，1804年起擔任外交大臣。他一度活躍於外交舞臺，參加一系列的對法談判，以圓滑世故的手腕與拿破崙周旋，在保持普魯士的獨立地位上起著重要的作用。哈登堡反對農奴制，要求變革現狀。但與史坦恩不同，哈登堡傾向於開明專制主義的舊統治形式，盡量使改革照顧到貴族的利益。1807年9月的《里加備忘錄》集中表達了他的這一思想。哈登堡擁護法國革命，但他接受的是法國變革的內容，卻拒絕法國變革的方式；他呼籲對國家進行根本的治療，跟上時代的潮流，卻主張進行一次善意的革命，哈登堡寫道：「那種由於政府的明智，而不是由於內部或外部的暴力衝擊所致的革命，就是我們的目的，我們的基本原則。」他宣揚政治民主，卻不打算真正把權力交給人民；他主張在資產階級生活中，在經濟方面，運用自由平等的原則，卻認為應以維護並加強普魯士政府權威為前提。儘管如此，哈登堡仍然不失為普魯士傑出的改革家，在1810～1822年擔任首相期間，繼續史坦恩未竟之業，頒布了一些改革法令。

哈登堡於1811年9月14日頒布《關於調整地主和農民之間關

係的敕令》，對解決農民的地產權和勞役義務問題做出決定：

(1)農民可以把使用的土地轉爲己有，不論是世襲農民還是非世襲農民，他們在按規定向莊園主贖買義務後，均可將其田莊轉爲自身財產。

(2)解除勞役及其他常規地租。即附著在這些產業上的一切義務和權利都應解除。

(3)給地主物質補償，農民在把世襲耕地變爲自由地產時，必須向地主繳納相當常年地租25倍的贖金，或讓出部分土地，才能免除徭役和租稅。世襲土地使用權的農民割讓份地的1／3，一代土地使用權的農民則必須割讓份地的1／2給領主，如保留地太小的農民不能靠割讓後的剩餘土地維持生活，可保留全部土地而支付租金。

民族解放戰爭中斷了法令的施行，拿破崙失敗後，封建地主抵制改革的進行。哈登堡對調整法做了修訂，1816年5月29日公布一項《皇家宣言》，對可以贖買封建義務的農民的範圍做了限制。只有至少擁有一輛雙套馬車、並且在常規的村圍地中享有一份土地（即1763年普王威廉二世嚴令禁止地主驅逐農民以前始終保持著這份土地）的農民，才能按1811年的調整令贖買封建義務。

以上兩項法令連同1821年的《義務解除法》和《公有地

分割法》，構成了哈登堡的農業立法，它的實施交由一個1817年成立的總委員會負責處理。這種「普魯士式道路」的農業資本主義化，歷時數十年，直至19世紀40年代末才基本完成。

在農業改革的同時，哈登堡嘗試著財政、工業和社會等方面的改革。1810年10月27日的《財政敕令》、1810年10月28日和11月2日的《工業稅敕令》，規定徵收普遍營業稅，取消免稅特權，使稅收得到平等適當的分配；宣布營業自由，廢除中世紀王侯擁有的限制工商業的禁令特許權和強制特許權，取締束縛工商業經營的桎梏；聲明取消行會，每個成員可自由退出行會，每個行會由其成員議決存散。1812年3月11日頒布的《關於猶太公民地位的敕令》，承認猶太人在公民身分和經濟活動方面享受平等權利。永久居留在普魯士境內的猶太人及其家庭，「應視爲本國人和普魯士國家的公民」，他們同享公民權利，同盡公民義務。」

哈登堡改革與史坦恩改革是一個整體，它同樣遭到了貴族地主的抵制和責難，麕集在《柏林晚報》周圍的地主集團詛咒哈登堡改革是「把值得尊敬的布蘭登堡普魯士變成一個新型猶太國家」。但由於國內外形勢的變化，1816年後，哈登堡對調整法做了一系列有利於地主的修訂，加上地主不斷從農業的資本主義化中嘗到甜頭，因而不再激烈反對，改革得以繼續緩慢地進行下去。

⑤ 軍事和教育改革

　　軍事改革是19世紀初普魯士改革的一個重要組成部分，主要的領導者和核心人物有：格哈德・馮・沙恩霍斯特（1755～1813年）、奧古斯特・馮・格奈森（1760～1831年）、卡爾・馮・克勞塞維茲（1780～1831年）。

　　針對普、法戰爭中暴露出來的普魯士軍隊中的問題——貴族充任軍官、雇傭兵制、野蠻的體罰及落後的訓練和作戰方式，沙恩霍斯特等一批有遠見的軍官深深認識到，要使普魯士軍隊和民族融為一體，使軍隊成為民族的有活力的機構，就必須改革軍事制度。早在1802年，沙恩霍斯特就發起組織「軍事協會」，創刊《軍事手冊》，將許多將領聚集在一起，研究軍事問題，批判不合理的軍事制度。提爾西特和約之恥更激起這批愛國軍官的改革熱情。史坦恩和哈登堡對此均予以支持。1807年7月，以沙恩霍斯特為首的軍事改組委員會成立，著手進行軍事改革。

　　(1)廢除雇傭兵制，實行普遍義務兵役制：1792年2月軍事法規定的所有特權和例外，如納稅的富裕市民免

服兵役、城市平民服役年限為20年等統統廢棄。一切年滿17歲至24歲的青年（特殊條件者除外）都有服兵役的義務。鑑於拿破崙強迫普魯士將兵力壓縮為4.2萬人，沙恩霍斯特採取一種速成兵制度，即每個連隊每月給3～5名士兵放假，再由同樣數目的適令青年頂替，透過這種不斷的短期輪訓吸收更多的國民服兵役。至解放戰爭時，已訓練出12萬士兵。這就大大改變了軍隊的成分，使軍隊的組成再也不是強徵的農民和對外招募的雇傭兵了。

(2)放棄單一的正規軍制，建立國民預備軍：1813年3月17日發布《後備軍條例》，決定組建三種後備軍。第一種為第一預備軍，由年滿26歲到32歲的男子、適令應徵而沒有入伍的男子和退伍軍人組成，其職能是戰爭期間參與正規軍作戰。第二種為第二預備軍，參加者為40歲以下的所有男子，負責在戰爭中的警備任務和為正規軍提供後備力量。第三種為地方民兵，17歲到50歲未參加前兩項預備軍的男子均為其成員，主要任務是戰時保護交通線，配合正規軍打擊敵人。

據此，至解放戰爭前夕，1806年任職的143名將軍裁去了141名。1819年，普魯士軍官中貴族成分僅佔54％。此外，為了培養軍官和參謀人才，1810年還建立了普通軍

事學校。

　　嚴禁對士兵的野蠻懲罰，推行精練組織、提高士氣的練兵方法。1808年的法令，禁止鞭打和穿列笞刑，保障士兵的「背脊的自由」。沙恩霍斯特格外強調「更新戰士的精神」，使遵守紀律和作戰勇敢的保證不再是農奴式的訓練，而是責任感和榮譽感的發揚。同時，還取消陳舊的線式戰術，仿照法國的榜樣，軍隊編爲混合旅，進行協同作戰和散兵戰術的訓練，以適應現代戰爭。

　　建立新的軍事體制，嚴選軍官，提高士氣，採取新的訓練方式，這些被克勞塞維茲所概括總結的軍事改革的內容，影響深遠。它在德意志民族的解放戰爭和民族統一戰爭中發揮了重大的作用。

　　教育改革的主要領導人是威廉・馮・洪堡（1767～1835年）。洪堡出生於波茨坦的貴族家庭，在法蘭克福大學和哥廷根大學學習法律，在耶拿時結識了哥德和席勒，並成爲忘年之交。1802～1809年擔任普魯士駐羅馬公使。在史坦恩的舉薦下，洪堡於1809年出任普魯士內政部文化教育司司長，主持教育改革。

　　洪堡的教育思想集中地反映了當時德意志資產階級的民族民主要求。他的目標是使每個人都有可能按照自己的

天賦受到教育，同時又使他具有對全社會的責任感。爲此洪堡確定，教育的目的應是「造就出爲了國家的利益、完全自由和充分發展全部能力的人」，「所有學校不是作爲任何特權階層的部分，而是整個民族和國家的部分。」按這樣的方針，洪堡提出了一整套的革新措施——

(1)建立新的教育體制，設初等教育、中等教育和高等教育三個層次。初等教育爲小學，4年制。中等教育分實科中學和完全中學，前者是6年制的職業學校，課程以數學和自然科學爲主，後者是9年制的普通中學，學生畢業後可直接升入大學。初等學校進中等學校必須通過入學考試。這就打破了依據出身門第而獲得受教育權利的陳規。

(2)注重師資水準，採用新教學法。政府明令，只有受過訓練的合格教師才能在校任教。爲解決師資短缺問題，還特設教師研究會，培訓新教師。洪堡按照瑞士教育家斐斯泰洛齊的學說，廢除機械式的、注入式的教學方法，以引導學生的自我發展。

(3)創辦新型高等學校，培養高等人才。1809年，洪堡上書普王，獲准開辦柏林大學，年撥款15萬塔勒。他廣爲羅致人才。費希特被聘爲第一任校長。神學家史來爾馬

赫、史學家尼布林、醫學家萊爾、農學家塔爾等一大批學術名流都應聘任教。學校實行「學術自由」、「教學與科研相結合」、「科學研究領先」等原則。年輕的柏林大學很快成爲德國第一流的大學，在德意志的民族解放和統一事業中起著精神中心的作用。

19世紀初期的普魯士改革雖很不徹底，但它卻使普魯士乃至德意志社會發生了歷史性的轉變。改革加速了封建關係的解體。地主把從農業改革中獲取的大量土地和現金按照資本主義的經營方式改造莊園，使之成爲資本主義農場，使農奴制經濟納入資本主義發展軌道。地主發生了分化，出現了資產階級化的地主階級。加上工商自由帶來了資本主義經濟的發展，又促使了資產階級的誕生。普魯士開始從封建莊園制過渡到資產階級地主地產制，這種在保留封建土地所有制的條件下，用資本主義剝削代替農奴制剝削的方式，被稱爲「普魯士道路」。

此後德意志的歷史進程——30年代的關稅同盟，40年代的工業革命和政治革命，50、60年代完成法律上的解放農民，70年代的民族統一、建立德意志帝國，究其基礎和發端，都應歸結於19世紀初的農奴制改革。因此，這場改革也就是德意志近代史的開始。

6 腓特烈大帝

　　弗瑞德里希二世（1740～1786年在位），普魯士國王，史稱腓特烈大帝。他是18世紀中後期歐洲頗有影響的一位君主。在他的統治下，普魯士強盛起來並加劇了軍國主義化。弗瑞德里希二世的雄才大略在西洋軍事史上留下了如此難以磨滅的烙印，以至於我們今天再度回首，仍然會感到普魯士軍隊那激越的戰爭脈動。

　　從1618～1648年，歐洲大陸的封建君主們在德意志的土地上進行了一場曠日持久的「30年戰爭」。這場戰爭使英國資產階級逃脫了歐洲封建君主們的干預而獲得了勝利，卻使德國徹底衰落。戰爭結束後，德意志仍然只是一個四分五裂、殘破不堪、諸侯林立的名義上的「國家」。當時在德意志境內，共有360個獨立的邦國和1,500個半獨立的領地。絕大部分的邦國版圖都很小，比如在西巴伐利亞地區，每個邦國平均只有20多平方英里。在這種空前的民族分裂局面下，一個社會有秩序、中央有權威、政府有效率、軍隊有戰力的普魯士就顯得十分與眾不同。而弗瑞德里希二世和他的百戰雄師，正是在這樣一個大背景下登上了歷史舞臺。

30年戰爭之前，德意志境內還沒有普魯士國家。眞正意義上的普魯士王國，是靠弗瑞德里希二世的祖父在1700年的西班牙王位繼承戰中爲哈布斯堡皇室效勞，爭得了皇帝敕封的「普魯士國王」頭銜後，才由侯國升格至王國形成的。新興的普魯士王國周邊分布著瑞典、俄國、奧地利、法國等強鄰，作爲一個家底薄弱的小國，普魯士被列強戲稱爲「鐵罐堆中的一隻陶罐」，隨時都面臨著國破家亡的危險。因此從1701年建國伊始，歷代普魯士統治者就把強化軍隊作爲自己生存發展的主要手段。1740年弗瑞德里希二世即位，在他的鐵腕統治下，普軍人數在20多年間由原先的8萬人激增至20萬，佔全國人口9.4%，軍費開支每年要花去政府全部預算的4/5。當時的普魯士面積在歐洲僅居第十位，人口居第十三位，但它的軍隊卻排到了全歐第四的位置。「突出軍事，強化軍隊」是弗瑞德里希二世施政綱領的核心內容，爲此他採取了一系列旨在貫徹這一方針的軍事改革措施。

　　普魯士軍隊的迅速壯大，並沒有使弗瑞德里希衝昏頭。他既追求兵力的龐大，同時也絲毫不放鬆對部隊軍事素質的嚴格要求，弗瑞德里希極力要求軍隊具有鐵的

紀律和高度機動的能力。他訓練的騎兵能保持整齊的隊
形長距離奔馳，並在衝鋒後迅速重新編隊，這支強悍的
騎兵後來在著名的羅斯巴赫與洛伊滕戰役中曾多次出奇
制勝，爲普軍最終以弱克強立下了汗馬功勞；弗瑞德里
希麾下的普魯士軍隊很快成爲歐洲效率最高的軍隊。恩
格斯後來評價說：弗瑞德里希的軍事組織「是當時最好
的，其餘所有的歐洲政府都熱心地效仿它」。

　　17和18世紀是普魯士迅速向外擴張的時期。奪取土
地、人口和資源成爲歷代普王的首要任務，而擺在弗瑞
德里希面前最大的課題，就是如何「結束德國分裂狀態
與實現德意志民族的復興」，而要結束封建割據、實現
民族統一就必須有強大的武裝力量。縱觀近代歐洲，任
何國家的崛起都不是溫情脈脈、和風細雨的曼妙之旅，
在那個弱肉強食血雨腥風的動盪年代，普魯士從一開始
就注定要用火與劍來鋪就它的王者之路。

　　弗瑞德里希是位馬背上的國王，他統治普魯士46
年，卻有2/5的時間是在戰場上度過。據統計，他在位
期間共發起或參與了6次重大的對外軍事行動，即第一
次西里西亞戰爭、入侵波希米亞、第二次西里西亞戰
爭、7年戰爭、瓜分波蘭和巴伐利亞王位繼承戰。這些

戰爭前後跨度將近40年，1778年的巴伐利亞王位繼承戰是弗瑞德里希一生參加的最後一次大戰，那一年他已66歲高齡。

弗瑞德里希的軍事戰略是典型的「先發制人」，這主要是由普魯士較弱的國力，以及所處的不利地理位置所決定的，這一情況直到弗瑞德里希去世20年後依然沒有明顯改觀，當時的普魯士著名軍事家沙恩霍斯特曾在一份報告中指出：「普魯士鑑於其地利條件，以及缺乏人工和天然防禦手段等原因，使它無法進行防禦戰」，因此，為避免兩線或多線作戰，弗瑞德里希二世經常在戰爭中採取主動攻勢：1740年12月，弗瑞德里希揮師突襲奧地利，一舉奪取了富庶的西里西亞省；1744年，弗瑞德里希撕毀布列斯特和約，以閃電般的攻勢取道薩克森侯國，直搗奧地利波希米亞省首府布拉格，進而兵抵維也納城下；1756年8月，弗瑞德里希指揮普軍以迅猛動作突然侵入薩克森，率先挑起「7年戰爭」。

這場戰役剛結束，弗瑞德里希二世便打破歐洲軍隊就地宿營過多的慣例，立即揮師東進，經15天強行軍後於11月下旬進抵西里西亞，並在12月3日突然逼近駐紮此地的奧地利道恩元帥部。弗瑞德里希的高速機動令

道恩大感意外，只得離開多營，匆忙率軍西進應戰。次日，奧軍進至距普軍營地20公里的洛伊滕鎮一線。道恩曾在科林戰役中憑藉堅固防禦陣地力挫弗瑞德里希，因此雖然奧軍兵力是普軍的二倍半，但他仍然採取了守勢，將8萬3千名士兵和210門火砲以洛伊滕鎮為中心向南北兩翼展開。弗瑞德里希敏銳捕捉到「敵方戰線的正面過於寬大且兵力分散」這一致命缺陷，在12月5日凌晨將手下的3萬6千普軍分為4個縱隊，並由他本人親率5千步兵和6千騎兵為前鋒，沿公路迅速向洛伊滕挺進。

天將破曉時，在瀰漫大地的霧氣掩護下，普軍先頭部隊突襲奧軍北翼前哨陣地波爾尼得手，奧軍前衛部隊被擊潰，8百餘人被俘。波爾尼是個地勢突出的村落，從這裡可以清楚的看到奧軍從北到南的整個防線。於是弗瑞德里希將指揮所設在此處，命令前鋒騎兵追擊潰軍，並大張旗鼓的進攻奧軍北翼，以造成普軍主力畢集於此的假象。同時他讓後續跟進的主力部隊變4路縱隊為2路縱隊，借波爾尼高地及其以南的丘陵和村落樹林的掩護，迅速向南斜插，迂迴奧軍防線南翼。此時道恩已得到警訊，但由於普軍的前鋒騎兵「表演逼真」，他誤判北翼為敵軍主攻方向，並將手中的預備隊和部分南

翼騎兵調往北線馳援，而這正中弗瑞德里希下懷。因視線為丘陵和樹林所阻，道恩未能及時發現普軍主力的運動，他甚至認為敵人已經畏戰逃走，於是奧軍緊繃的神經也鬆懈下來。誰知正午剛過不久，大隊普軍突然出現在奧軍南線陣地前方，並立即以純熟的動作排成斜行戰鬥序列發起進攻。普軍各兵種間的高效密切協同在這場戰鬥中表現的可謂淋漓盡致──步兵在己方火砲掩護下率先出擊，緊接著兩翼的騎兵開始衝鋒。當普軍前鋒從中間和南端切入奧軍防線後，後續步兵立即整營的壓上，由敵方陣地缺口果斷突入，同時砲兵也迅速跟進延伸火力。普軍的攻勢實在太凌厲了，以至於戰鬥只進行了半小時，奧軍南翼陣地便宣告易手。

普軍追逐逃跑的奧軍，開始由南向北進攻。在這種不利局面下，道恩不愧為奧地利名將，他迅速變更部署，仍以洛伊滕鎮為中心重新構築了東西一線的陣地。弗瑞德里希指揮普軍三面進攻，遭到對方頑強抵抗。激戰至下午四點，弗瑞德里希投入最精銳的近衛軍，但仍未能攻下奧軍陣地。正在雙方僵持不下的時候，向西迂迴包抄普軍的奧軍主力騎兵卻落入了弗瑞德里希的埋伏圈，損失慘重。奧軍步兵見己方騎兵潰敗，軍心浮動，

終於鬥志崩潰，幾萬大軍頃刻間土崩瓦解。普軍乘勝追擊，一直追到通往布雷斯勞的里薩鎮爲止。12月7日，弗瑞德里希又揮師包圍了布雷斯勞要塞，經十餘日圍困，12月19日，1萬7千奧軍開城投降，至此，洛伊滕會戰以普軍的大勝而告終。從11月5日到12月19日的短短45天裡，弗瑞德里希在敵軍四面合圍的極端不利條件下，打破冬季用兵禁忌，率領普軍以劣勢兵力連續取得兩場大規模會戰的勝利，洛伊滕戰役是弗瑞德里希二世軍事生涯輝煌的頂點，也是西洋軍事史上的傑作之一。拿破崙後來評論說：「這次戰役在運動、機動和決斷三方面都是一個傑作。僅此一戰即足以使弗瑞德里希名垂千古，並使他躋身於世界名將之林。」

　　弗瑞德里希二世信奉「強權即公理」，在他的鐵腕統治下，普魯士的國力迅速上升，在很短的時間內便躍居歐洲強國之列。在此基礎上，弗瑞德里希二世不斷進行對外戰爭，擴張領土。18世紀中期，他藉口奧地利王位繼承問題，參加對奧戰爭，擊敗奧地利並奪得西里西亞；1772年，他又夥同俄、奧瓜分波蘭，攫取了3.6萬平方公里土地和58萬人口。到1786年他去世時，普魯士的領土擴大了1.6倍，人口也由3百萬增至5百萬。普魯

士的迅速崛起，為19世紀下半葉德意志的統一和復興奠定了基礎。弗瑞德里希二世透過開明專制和以重商主義為核心的經濟改革，促進了工廠手工業的發展，也在一定程度上滿足了新興資產階級的政治要求。就這幾點而言，弗瑞德里希二世的「先軍政治」思想是德意志歷史中進步的表現，而他本人也被西方史學界譽為「腓特烈大帝」。

但是，與其他新興的西歐資本主義國家相比，軍事強國的光鮮外衣下，普魯士實際上是一個政治、社會、經濟諸方面都大大落後的國家。例如普魯士仍在實行自古沿襲下來的等級制度，農奴制依然盛行，政治上沒有一部憲法，更談不上有人權和公民權。即便是普魯士最引以為榮的軍事也存在著諸多缺陷，比如士氣低落、戰術老化過時等等。只不過在弗瑞德里希統治時期，這一切都被普魯士的軍事勝利與顯赫的封建王權所掩蓋和壓制罷了。

歷史終究是無情的，弗瑞德里希去世僅僅20年後，普魯士便在拿破崙戰爭中一敗塗地，不但損失了將近一半國土，而且還要向法國支付巨額戰爭賠償。拋開個人因素，拿破崙的勝利實質上代表了新興資本主義對封

建制度的革命性優勢，一場拿破崙戰爭便讓普魯士國家的種種弊端暴露無遺。光環散去，人們必須面對的是普魯士何去何從的問題。明眼人都知道不改革是沒有出路的。從1806年起，普魯士的一批政治家發起一系列廣泛的改革運動，意在把普魯士建設成一個適應新環境的現代國家，從此德國的歷史翻開了新的一頁。

縱觀普魯士的非和平崛起模式，最突出的便是其毫無節制地挑戰現存霸權和國際體系，以軍事擴張來解決經濟資源的短缺，以及在制度和文化因素中的擴張特徵。普魯士的軍國主義性質是如此的鮮明，它的好戰性直接促成了後來俾斯麥「鐵血政策」的出爐，並進而成為了兩次世界大戰的遠因。從這個意義上講，弗瑞德里希和他的軍隊所給予我們的最大警示與啟迪，也恰恰在於此。

第6章
創立第二帝國：1789～1871年

1 民族運動的興起

法國大革命和拿破崙戰爭，是德意志民族覺醒的警鐘。在此之前，作為德意志民族外殼的神聖羅馬帝國，只是個影子。在人們的意識中，只有小邦國，只有歐洲，只有世界其他國家，很少有德意志。上層階級甚至以採用外國的風尚、服裝、禮儀、生活方式、觀念和語言為榮。法國大革命提供了民族團結的範例，宣告了各民族的自由平等，拿破崙在德意志以「革命者」身分出現的同時又充當了貪得無厭的掠奪狂，這就從正反兩方面啟動了德意志民族意識和民族主義運動。

從1800年起，德意志掀起猛烈的民族運動。儘管這個時期的民族主義是保守主義和自由主義的混合，但目標是一致的：要求民族團結，反對異族壓迫，恢復德意志的獨立性。洪堡在任普魯士駐羅馬公使時，痛感國家的淪陷和民族的恥辱，決心改革教育，使受教育者成為民族解放事業的先鋒戰士。1813年的解放戰爭，全體柏林大學的學生均投身其中。1807～1808年冬，費希特在敵軍佔領的柏林發表了一系列《對德意志民族的演說》，論證了存在一種不可磨滅的德意志精神，號召爭

取形成一個作為人類理性王國核心的德意志民族國家。演說影響了整整一代德意志青年，激勵他們為德意志民族的獨立和復興而英勇戰鬥。浪漫學派更是把民族精神和民族活力作為創作的中心題材。海德堡的3位浪漫派作家，阿希姆・馮・阿尼姆和克萊門斯・布倫塔諾合編的民間抒情詩《少年的魔笛》（1806年），約瑟夫・格雷斯的《德意志人民叢書》（1807年），都以鮮明的觀點揭示德意志的歷史意義，宣揚德意志人的民族權利。對此，史坦恩稱讚說：在海德堡燃起了一股吞噬法國人的熊熊烈火。

發自廣大人民群眾的吼聲，都充滿著民族仇恨和恢復民族自信的激昂情緒。農家子弟恩斯特・莫里茲・阿恩特在他的《時代精神》（1806年）論著中，用通俗易懂語言，呼喚人們熱愛國家，維護民族獨立，結成民族共同體，準備起義。「體操之父」弗瑞德里希・路德維希・雅恩是政治體育的創始人。他組織青年，以訓練體操、野外遠足為名進行愛國主義活動。各地的愛國者還試圖組織起來，擴大民族主義宣傳，團結戰鬥。人們在沙龍和社團裡秘密聚會。1808年柯尼斯堡的共濟會員建立了「道德同盟」，1810年費希特的學生弗里森組織的

「劍術館協會」和雅恩組建的「德意志同盟」都以積極
維護德意志民族的獨立性為宗旨,竭力宣揚和發動民族
反抗與民族起義。

在風起雲湧的民族運動中,在一大批傑出的民族主
義、愛國主義者之中,不乏軍政要人。史坦恩、哈登
堡、沙恩霍斯特、格奈森瑙和洪堡,他們所進行的政
治、經濟、軍事和教育改革,都是以維護民族獨立和振
興德意志為推動力的。

由於小邦割據和
拿破崙的嚴密控制,
民族運動未能在德意
志形成為一個同步進
行的總行動。1809
年奧地利起事失敗
後,借助改革的強勁
力量,普魯士便躍上
民族解放戰爭的舞
臺,成為民族獨立運
動的中堅。

② 萊比錫大會戰

法軍在1812年侵俄戰爭慘敗後，歐洲所有反拿破崙的力量便急速匯集起來。英國的工業資本主義與東歐的農業封建主義、西班牙的教權主義與德意志的民族主義、各國的君主主義與民主主義，組成了不協調的反法大聯唱。

1813年3月，有英、俄、西、葡和瑞典參加的第六次反法同盟成立。在春季的戰役中，俄、普聯軍渡過維斯杜拉河和奧得河，直抵易北河東岸同法軍相對峙。並在4月初將法軍趕過易北河，確保了柏林的安全。在沙恩霍斯特任總後勤部長的普軍主力進而攻佔了薩克森。4月底，聯軍8萬多人進抵萊比錫東南地區。但在隨後的幾次戰役中，聯軍頻頻失利。5月2日的呂岑會戰，聯軍敗北，撤出薩克森。5月20日至21日漢堡重又陷入法軍手中，漢諾威起義被平息，愛國將領沙恩霍斯特不顧戰傷前往奧地利勸說結盟，途中病情惡化，在布拉格去世。

可是，也就在這時，急需兵員補充的拿破崙卻透過奧地利調停，雙方於1813年6月4日簽訂停戰協定（停戰

期限初定爲7月20日，後延至8月16日）。這雖給了拿破崙補充新兵的時間，也使聯軍得以喘息，作戰略調整。而且停戰談判期間，奧地利要脅拿破崙的企圖未逞，反法聯軍局勢的好轉，又使奧地利做出傾斜。8月10日，維也納宣布調停結束，正式參加第六次反法同盟，並於次日對法宣戰。

戰事重開時，在德意志土地上，拿破崙集合了44萬人馬，反法聯軍則有52萬。聯軍推舉奧地利將領卡爾·施瓦岑貝格伯爵擔任總司令，並將兵力分爲3個軍團——

(1)波希米亞軍團，由12.7萬奧軍、8.2萬俄軍和4.5萬普軍組成，施瓦岑貝格親自指揮。

(2)西里西亞軍團，由6.6萬俄軍和3.8萬普軍組成，擔任統帥的是普魯士70高齡的老將格布哈特·萊貝雷希特·勃呂歇爾，格奈森瑙任參謀長。

(3)北方軍團，由7.3萬普軍、2.9萬俄軍和3.9萬瑞典軍組成，瑞典王儲貝爾納多特爲指揮官。

8月26日至27日，在德勒斯登的爭奪戰中，拿破崙親臨指揮，擊敗了聯軍的波希米亞軍團。聯軍損失3.5萬人。但在其他戰役，法軍卻連遭敗績。至月底，聯

軍三路大軍逐漸向德勒斯登合攏，形成了半圓狀的包圍圈。

雙方都在捕捉戰機，準備決戰，由於德勒斯登一時難於攻克，聯軍便採用勃呂歇爾的建議，放棄攻擊德勒斯登，直取法軍背後的萊比錫。10月初，西里西亞軍團和北方軍團渡過了易北河，從北面直逼萊比錫，並很快將法軍壓縮在萊比錫附近。

10月16日，30萬聯軍向17萬法軍發起攻擊，史稱「國際大會戰」的萊比錫戰役正式開始。5個多小時的猛烈砲擊後，聯軍的4個攻擊集團逐漸縮小包圍圈。10月18日，用以抵禦聯軍北方軍團的薩克森軍和符登堡軍倒戈。法軍局勢危險，拿破崙下令撤退。10月19日，聯軍進入萊比錫。這一役，法軍損失6.5萬餘人，36名將官被俘，9百輛彈藥車、3百餘門大砲和4萬餘支步槍被繳獲。拿破崙且戰且退，於11月撤到萊茵河一線。留下後衛部隊，自己返回巴黎。

萊比錫大會戰的勝利給德意志民族解放戰爭帶來了極為有利的形勢。依附於拿破崙的各邦國紛紛作鳥獸散，萊茵聯邦瓦解。西巴伐利亞王國解體了。到1813年底，除了一些要塞，包括漢堡等在內的萊茵河右岸的德

意志領土解放了。

聯軍乘勝追擊，勃呂歇爾在1814年新年之夜渡過萊茵河，解放了左岸的德意志領土並向法國北部挺進。聯軍屢戰屢捷，2月27日在巴爾、3月10日在拉昂、3月21日在阿爾西，均獲大勝。3月31日，沙皇和普王進入法國首都巴黎，拿破崙眼見大勢已去，於4月4日退位。根據盟國達成的協定，由法國路易十六之弟回國執政，是為路易十八。

德意志實現了民族解放，但許多懸而未決的問題，卻留待戰勝國召開的維也納會議去解決。

3　德意志聯邦的建立

打敗了拿破崙以後，1814年9月～1815年6月，召開了維也納會議。幾乎所有的歐洲國家，包括先前神聖羅馬帝國的一些邦國都派代表參加。普魯士首相哈登堡和洪堡、奧地利首席大臣梅特涅、沙皇亞歷山大一世、英國外交大臣卡斯爾雷以及法國復辟的波旁王朝的外交大臣塔列朗等人，控制了會議的決定權。

維也納會議做了兩件——

一是復舊，即按「正統主義」原則恢復封建秩序。於是，法國、西班牙、南義大利、皮蒙特‧撒丁、漢諾威、黑森‧卡塞爾等國君主紛紛袍笏登場，在歐洲掀起一股復辟的逆流。

二是分贓，即瓜分戰敗國的財產，瓜分歐洲的勢力範圍。據此，英國擴展並鞏固了殖民霸主的地位，俄國在第三次瓜分波蘭的基礎上又向西深入歐洲250英里，同時又獲得了比薩拉比亞和芬蘭。

在對弱小國家的領土任意分割和對民族任意肢解的交易中，也改變了德意志的政治地圖。普魯士與沙俄謀劃，俄國獨吞波蘭，普魯士兼併薩克森，這一企圖遭到

奧地利的激烈反對。1815年1月3日，奧、英、法以及荷蘭、漢諾威、巴伐利亞達成秘密協定，以戰爭相威脅，迫使普、俄讓步。沙俄控制了一個縮小了的波蘭王國，普魯士獲得薩克森的2/5。爲了補償，普魯士又得到了萊茵蘭、西巴伐利亞。這樣，普魯士的重心就向西移動到達法國的邊界。奧地利則從德意志的西部邊界撤回，重心東移。它放棄了尼德蘭和從前在上萊茵的領地，取回或取得了加里西亞、伊里利亞、蒂羅爾、福拉爾貝格、薩爾茲堡以及萊茵河地區和豪斯魯克地區。英王所轄的漢諾威獲得了希爾得斯海姆、戈斯拉爾和明斯特蘭北部，並升格爲王國，橫在東部普魯士和西部普魯士中間。南德諸邦除稍有變動外，基本上保持萊茵聯邦時期的領土狀況。其他諸侯國也幾乎都保存下來，但拿破崙時期的還俗教產和被剝奪的教會領地仍維持現狀，不予恢復。

同領土調整後國家的支離破碎狀態相一致的，是全德範圍內統一的政治新秩序並未形成。維也納會議雖然沒有恢復德意志的神聖羅馬帝國和幾百個被合併的小邦，但卻保持了德意志的分崩離析。在列強的直接干預下，建立了一個由奧地利、普魯士、巴伐利亞、漢諾威

和符登堡組成的五強委員會，於1815年6月8日簽署了《德意志聯邦條例》，據此，38個君主國和自由市結合成為一個德意志聯邦。它包括：1個帝國、5個王國、1個選帝侯國、7個大公國、9個公國、10個侯國、1個伯爵領地和4個自由市。其中有3個非德意志的君主，即英國國王代表漢諾威王國，丹麥國王代表荷爾斯坦因公國，尼德蘭國王代表盧森堡大公國。奧地利帝國只有它的德語區、波希米西和摩拉維亞屬於聯邦。普魯士王國的東普魯士、西普魯士和波森沒有加入聯邦。

德意志聯邦是一個鬆散的聯合體，僅僅虛構了一個統一的外貌，根本沒有一個真正國家實體的內涵。條例確定，「聯邦的目的是維持德意志外部和內部的安全，以及聯邦各成員國的獨立和不可侵犯，」各邦的經濟、軍事、內政、外交部各行其是。對外，聯邦不能作為整個德意志的統一體行使外交權力。對內，沒有中央政府，沒有國家元首，沒有統一的最高法院，雖有「起草聯邦的根本法」的議定，但這僅是一個空頭許諾。似乎作為中央機構的唯一象徵，就是設在緬因河畔法蘭克福城的議會。它由各邦的代表組成，奧地利任主席。全部事務的領導由一個委員會負責，其成員共17人，普、奧

等大邦各有1席，其他小邦共同擁有6席。涉及對內對外重大問題，由共有69票的全體大會決定。票數的分布也是大小邦不等的，帝國、王國均擁有4票，小邦只有1票。6月10日由各邦代表簽署的聯邦議定書被收入9日通過的「維也納會議最後議定書」。這就給歐洲列強的干預德意志民族事務埋下了伏筆。德意志聯邦完全是個維護舊秩序的工具，是一個維護分裂割據的工具，是一個維護列強在德利益的工具。德意志人民贏得了民族解放，卻未能實現民族的統一和自由。然而，經過法國大革命和解放戰爭的洗禮，德意志大地上新的發展潮流已不可逆轉，全德人民關於民族統一和自由的願望再也無法消除。

第7章
俾斯麥時代：1871～1890年

1848年革命

1848年革命發生於歐洲，是平民與貴族間的抗爭，主要是歐洲平民與自由主義學者對抗君權獨裁的武裝革命。首先發起地點為義大利的西西里島，而波及的國家幾乎涵蓋全歐洲，僅俄國、西班牙及北歐少數國家未受影響。一般說來，此次革命雖造成各國君主與貴族體制動盪，但是所有革命行動均以失敗收場。但是這次革命卻間接導致德國及義大利統一運動。

這次革命是歐洲社會經濟和政治發展的必然結果。當時一方面是工業革命正在擴展，資本主義迅速發展，歐洲已經開始進入大工業生產階段；各國工業資產階級經濟力量得到加強，而政治上多數國家的工業資產階級仍處於無權的地位或初掌政權；自由主義和民族主義在歐洲不斷高漲。另一方面是歐洲大部分國家還處在封建統治之下，或受到其他民族的壓迫；少數國家雖然也建立了資產階級政權，但封建殘餘仍然阻礙著資本主義的發展；維也納會議在歐洲所確立的反動封建體系也還存在著。資本主義和封建主義之間的衝突越來越尖銳，這樣革命就無法避免了。

這次德意志的革命並不是像先前普魯士改革一樣，為了對抗拿破崙而建立統一的防禦。在1840年，萊茵危機激發德意志人民反法的浪潮，刺激愛國歌曲Rheinlied產生，同時，丹麥企圖將甚列斯威·荷爾斯泰因併入丹麥。這些事情促使宣揚國家主義的詩和歌曲被創作。而報章雜誌對相關事務的宣傳使得法國和丹麥問題被廣泛的注意。這樣使得德意志境內的自由主義者將德意志邦聯的統一和民主自由當作是他們共同的目標。

　　對德意志人來說，他們正經歷嚴酷的工作環境，霍亂疫情的蔓延，人口成長和糧食欠收的危機。許多人為了生存來到城市，然而可獲得的薪水很低且生活環境惡劣。

　　1848年2月，法國首先爆發革命，法國國王路易菲利浦退位，這引發歐洲大陸內多國的革命，特別是在德意志各個邦國。

　　在1848年3月，柏林爆發了革命，腓特烈威廉四世意識到原先的改革已經無法滿足人民的要求，於是召開了一個立憲會議。他宣稱希望成立一個聯邦制的德意志帝國，在這個帝國中將會有一個民選的議會，國民擁有言論和出版自由。由於普魯士作為德意志邦聯中的一個大邦也願意支持自由主義者，某些德意志邦國便也群

起仿效。同年3月底，約5千名決心實行民主、自由和平等的德意志領袖齊集於法蘭克福，召開了法蘭克福議會，由1848年5月18日開會直到1849年4月21日。這個議會主要是由中產階級組成，希望預備一份聯邦憲法，有代表支持成立由奧地利統治的大德意志，將奧地利與波希米亞併入德國；有代表則支持由普魯士統治的小德意志，不包括任何奧地利領土。最後，議會的與會者認

為，應採取小德意志方案統一，並將德意志皇位給予普魯士國王腓特烈威廉四世。不過，腓特烈威廉四世拒絕這個建議，因為他害怕奧地利反對，而且新憲法規定國王沒有對法案的否決權，這是他所反對的，他甚至形容接受由議會賦予的

帝位是「拾取在溝渠上的皇冠」，而奧地利和德意志南部諸邦的代表因議會通過「小德意志」方案而退出（害怕北部的新教勢力會主導整個國家），僅餘的議會代表面對失敗，唯有把議會解散。最後普軍清場，數千名中產階級的自由主義者被迫逃走，大多去了美國。革命最終在普、奧的鎮壓下失敗。

德意志各邦革命的勝利，並沒有解決德意志的統一問題。資產階級以解決德意志統一為名，於5月18日在緬因河畔的法蘭克福召開國民議會。參加法蘭克福國民議會的都是地主資產階級代表人物。會議沒有取得任何實際結果。6月29日，議會選舉奧地利帝國的約翰大公為德意志帝國攝政，並組成了帝國政府。1849年3月，議會通過帝國憲法，確定某些自由、民主權利，選舉普魯士國王腓特烈·威廉四世為統一的德意志帝國皇帝。但威廉拒絕加冕，普魯士和奧地利各邦君主也不接受國民議會通過的憲法。同年5月，德意志西南各邦人民發動起義，掀起維護帝國憲法的抗爭，結果失敗。這期間，大多數議員被各自的邦政府召回，剩下的議員遷到斯圖加特，最後於6月18日被符登堡的軍隊驅散。7月，法蘭克福國民議會瓦解，德國1848年革命結束。

② 俾斯麥大帝

　　奧托‧馮‧俾斯麥，1815年4月1日出生於普魯士雪恩豪森一個貴族家庭，他的童年是在他父親的莊園裡度過的。大學期間，他曾與同學做過27次決鬥。1835年於柏林大學畢業後，俾斯麥回到老家管理自己的兩處領地。強壯的體格，粗野的個性，對待農民的殘忍，追求目標的毅力和不擇手段以及現實主義的態度，構成俾斯麥鮮明的性格特點。在19世紀40年代，俾斯麥政治上屬於頑固的保守派，1848年革命時，俾斯麥在自己領地上組織軍隊，準備前往柏林「勤王救駕」，武力鎮壓革命。他尖刻地嘲諷法蘭克福全德國民議會中資產階級代表們的清談闊論，主張用武力把它驅散。俾斯麥狂熱的地主信念和立場贏得國王的賞識，1851年至1858年被任命為普魯士邦駐德意志聯邦代表會的代表，1859年任駐俄公使，1861年改任駐法公使。因此，他能清楚地瞭解俄國和法國統治階層的意願和圖謀。

　　自19世紀50年代後，俾斯麥的政治態度發生了一些變化。他已經受到資產階級的影響，用資本主義的生產方式經營自己的莊園，逐漸成為資產階級化的地主。

俾斯麥意識到，德國的統一是無法阻止的，要挽救普魯士君主政體和地主利益，只有掌握統一運動的領導權。這個領導權不能被德國資產階級所掌握，更不能被無產階級所掌握，而必須由普魯士地主所掌握。因此，他一方面主張用強力壓服資產階級，鎮壓無產階級的革命運動；另一方面他也清楚，歐洲列強，無論是法國還是俄國，都會阻止德國的統一。在德國內部，普魯士的霸權一定會遇到奧地利的堅決反對。對於這些障礙，只能用武力作為後盾。

1862年6月，俾斯麥出任普魯士的宰相兼外交大臣。同年9月，在普魯士議會的首次演說中，他大聲宣稱：「德國所注意的不是普魯士的自由主義，而是權力……，普魯士必須積聚自己的力量以待有利時機，這樣的時機我們已經錯過了好幾次……，當代的重大問題不是透過演說與多數人的決議所能解決的 ── 這正是1848年和1849年的錯誤 ── 而是要用鐵和血。」

俾斯麥的「鐵和血」，是他統一德國的綱領和信條，他的「鐵血宰相」的別稱也由此而得名。俾斯麥正是憑靠這種暴力，大膽而又狡猾地利用國際糾紛和有利時機，決定性地使德國通過「自上而下「的道路統一起來。

俾斯麥統一德國的第一步，就是1864年初挑起對丹麥的戰爭，把屬丹麥的石勒蘇益格・荷爾史坦恩兩公國（居民多數爲德意志人）併入德國。第二步是1866年挑起對奧地利的普、奧戰爭。1866年7月3日在薩多瓦戰役中，普魯士獲得決定性的勝利。根據1866年8月的布拉格和約，奧地利退出德意志聯邦，普魯士兼併了荷爾史坦恩以及戰爭中站在奧方的幾個德意志聯邦諸侯國，統一了德意志的北部和中部，建立起在普魯士領導下的北德意志聯邦。

俾斯麥統一德國的第三步，就是1870年的普、法戰爭。1870年9月17日，在俾斯麥的挑動下，法國向德國宣戰。拿破崙三世吹噓說，這只是一次「到柏林的軍事散步」。但他碰到的已不是昔日的普魯士，而是一個比較強大的、堅決反對分裂的德意志民族。1870年9月2日，德軍在色當戰役取得對法國的決定性勝利，生俘了拿破崙三世。至此，統一南德的障礙已除，德國的民族戰爭的任務已經完成。俾斯麥驅兵直入巴黎。1871年1月18日在凡爾賽宮宣告了德國的統一，成立了德意志帝國。俾斯麥也同時出任德意志帝國的宰相。

俾斯麥統一德國後，執行爲大資產階級和貴族地主

利益服務的政策，推動了德國經濟的發展。但他的「鐵和血」卻沒有因此而停止。1871年他參與鎮壓了巴黎公社。在國內，他為了加緊鎮壓德國工人運動，於1878年頒布了所謂《鎮壓社會民主黨企圖危害社會治安的法令》（又叫《反社會主義者非常法》）；他對外組織軍事集團，極力鞏固德國在歐洲大陸的霸權地位。同時，在非洲、亞洲和太平洋地區掠奪殖民地與英國爭奪世界霸權。到19世紀80年代末，俾斯麥的內外政策連遭失敗，被迫於1890年3月17日下臺。1898年去世。

　　俾斯麥是德國近代史上一位舉足輕重的人物。作為普魯士德國地主資產階級最著名的政治家和外交家，他是「從上至下」統一德國的代表人物，其一生正是德國從封建專制社會過渡到資本主義，再走向資本主義列強的重要歷史時期。俾斯麥本人雖然退出了歷史舞臺，但他的「鐵血」政策卻深深地影響了以後的德國歷史。

3 鐵血政策

俾斯麥對資產階級的「憲法統一」極為鄙視和不滿。他不相信憲法的任何一個條文會有使人超生的力量，他說：「假如確實成功地按照這條新的、正在走的道路爭得了一個統一的德國……，那我可能會對這個國家新秩序的創始人表示我的感謝；但是現在對我們來說，這是不可能的！」因此，他一針見血地指出：「我確信，普魯士的榮譽並不取決於為了那些正在生病的議會著名人士在德國到處扮演唐·吉訶德。」「德國的統一和在議會的講壇上作報告的權力不是同一類問題。」俾斯麥輕蔑地說：「一個議會比一支軍隊更容易被動員起來。」「經由議會的辯論，以11票之多數是不可能對這些原則作為一種判決的。」當然，俾斯麥除了把憲法統一視為毫無用處外，還敏感到議會憲政對普魯士貴族地主統治的危害。在他看來，議會的民主政治思想，始終是一種有可能被街頭戰士掌握統治權的威脅，「這可能把民主政治的毒藥撒進紀律嚴密的普魯士。」

俾斯麥強烈地主張：「要對這個（德國）問題做出決定，根本就不是在我們的議院中，而是在外交以及戰場上。」德國的統一「只能透過與反對者進行戰爭的道路來實

現」。因此，他始終把一個國家的軍事上的強大看作是決定這個國家價值的要素，竭力主張建立強大的武裝，認為：「沒有普魯士的軍隊，並且是一支強大的普魯士軍隊，德意志民族的觀念根本就不會實現。」有個語言學家叫馬克・梅勒的曾向俾斯麥抱怨道：「現在每一個歐洲人都是士兵，我們甚至就像猛獸一樣生活在史前時代。……如果在歐洲大陸上，某一個國家沒有許多大砲就會感到非常不安全，那麼作為鄰國應該對它說些什麼呢？」對此，俾斯麥只說了這麼一句話：「含糊的人道主義！」這個早就立志要「以訓練新兵的軍刀刀刃為樂事」的「烈性地主」決心「要用火或刀」治好德意志的衰敗懦弱病。

1862年9月30日，即他任首相後的1個星期，他出席了議會預算委員會的一次會議（與會的只有20多個委員）。會上討論了關於1863年撥款的決議草案。俾斯麥在發言中，開始時還以和緩的口氣表示他是多麼重視政府與議會共同解決預算問題。接著，他把話鋒一轉，直截了當地提出他對解決德意志問題的基本見解：「普魯士必須積聚自己的力量並將它掌握在手裡以待有利時機。」「這種時機已被錯過好幾次。維也納條約所規定的普魯士國界是不利於健全的國家生活的。當代的重大問題不是透過演說與多數議決所能解

決的 —— 這正是1848年和1849年所犯的錯誤 —— 而是要用鐵血來解決。」這就是被後人所概括的所謂「鐵血政策」，俾斯麥也因此被冠以「鐵血宰相」的美名。

在議會裡所發表的「鐵血」演說，俾斯麥原認為自己只不過是說出了政治生活的事實。但它卻招來了輿論大嘩。整個內閣，除了陸軍大臣羅恩外，沒有一個閣員支持他。就連起用他的普王此時也深感憂慮，一度閃過念頭：是否應當在俾斯麥能給朝廷造成更多損失之前就把他免職？10月5日，威廉一世在從巴登返回柏林的途中會見俾斯麥時懊喪地說：「我完全可以預見這一切將會如何終場。」

「在歌劇院廣場前，我的窗子下，他們將會砍下你的頭，過些時候再砍下我的頭。」普王悲觀地將俾斯麥和自己喻為英國的史特拉佛伯爵和查理一世。

面對層層的阻力和重重的障礙，俾斯麥不卻步，「沒有別的路可走，只好奮鬥。」他勸說普王：「我們能不能死得更體面一些？」

「我自己是在為我的國王的事業和陛下奮鬥。」俾斯麥終於用他堅定果敢的態度消除了威廉一世內心的保留態度，把對俾斯麥原先的臨時任命予以正式確認。於是，俾斯麥便放膽揮動「鐵血」利器，推行「軍事大國政策」。

4 帝國的建立

色當戰役的勝利，使俾斯麥的「鐵血政策」在德意志人面前展現了輝煌的戰果，同時也震懾了南德諸邦，巴伐利亞、巴登、符登堡、黑森先後派代表團到達凡爾賽，與普魯士進行關於國家統一的談判。

俾斯麥根據南德4邦對待統一的不同態度採取不同對策：拉攏巴登和黑森2個小邦國，向巴伐利亞讓步，孤立符登堡。11月15日巴登、黑森加入聯盟。23日，巴伐利亞獲若干自主權後也加入聯盟。兩天後，孤立的符登堡只得就範。至此，緬因河南北的兩部分德意志聯成一片了。

統一的德意志帝國呼之欲出，然而在皇帝稱號問題上，俾斯麥又陷入兩難境地。太子繼位心切，竭力促成一個新的「自由德意志帝國」的誕生。國王威廉一世則不願「與老普魯士分離」，認為接受德意志的皇帝稱號等於「把老的普魯士稱號撂下」，因而不肯接受在「普魯士國王」以外的新的稱號。這父子倆，一個急於建立，一個不願建立新的帝國，動機都是一樣的，即想把德意志溶化於普魯士。而這一點正是俾斯麥所忌諱的。

爲了做到既可使統一的德意志普魯士化，又能消除南德各邦對普魯士化的疑慮，他耍了一個計謀，用重金收買獨立性最強的巴伐利亞國王路德維希二世及其大臣，讓他們上書普王，以德意志諸侯的名義請求威廉一世重建德意志帝國並接受皇帝稱號。在俾斯麥的安排下，普王終於勉強改變初衷，於12月16日接受了由30名議員組成的代表團呈遞的「勸進書」。

1871年1月18日，即普魯士國王加冕170週年紀念日，在凡爾賽宮72公尺長的鏡廳舉行盛典，普王加冕爲德意志皇帝，德意志帝國宣告成立（因在神聖羅馬帝國之後，故又稱之爲第二帝國）。

新成立的德意志帝國包括4個王國：普魯士、巴伐利亞、薩克森、符登堡；6個大公國：巴登、黑森、麥克倫堡‧施威森、麥克倫堡‧施特雷利茲、薩克森‧威瑪和奧爾登堡；5個公爵領地：布勞恩斯魏克、薩克森‧邁寧根、薩克森‧阿爾騰堡、薩克森‧可堡（圖林根城名）‧哥達、安哈爾特；7個侯爵領地：施瓦茲堡‧魯多斯塔特、施瓦茲堡‧宗得斯豪申、瓦爾德克、羅伊斯（老系）、羅伊斯（新系）、紹姆堡‧利珀、利珀；3個自由市：盧貝克、不萊梅、漢堡；另有一個直轄地：阿爾薩斯‧洛林。

最大的邦爲普魯士，人口3千萬，面積約35萬平方公里。最小的邦國爲羅伊斯（老系），人口6.2萬，面積316平方公里。1871年4月16日，新選出的國會通過帝國憲法，確定德意志「締結爲一個永久的聯邦」。各邦可以保有一些自治權，如教育、宗教、部分司法、徵收直接稅、水上運輸，南德諸邦還可以獨立管理郵政、電訊、徵收酒消費稅。軍事、外交、海關和銀行立法、間接稅、度量衡、貨幣、民法、刑法等都在帝國政府的許可權之列。

德國從政治上完成了眞正的統一。

主要的資產階級、貴族政黨

在德意志成為一個統一的獨立國家後，資產階級、貴族的政黨也逐漸形成。主要有：

(1)德意志保守黨。代表著普魯士的地主、軍官、富農和新教修士的利益，主要在易北河以東的政治上落後的東西普魯士、波美拉厄亞、西里西亞（農業區）和布蘭登堡等地區有影響。其基本綱領是：鞏固君主制，保衛地主特權。為此，擁護作為王朝支柱的軍隊，反對擴大帝國許可權，認為帝國許可權的擴大是對普魯士的輕視，會把保守主義的普魯士「溶解」掉。為了拉攏選票，他們還迎合小資產者的要求，主張恢復手工業行會組織，限制百貨商店，排斥猶太人。反動的「十字報」是該黨機關報。

(2)德意志帝國黨。於1866年從保守黨中分化出來，代表著部分大地主、大工業家，即那些資產階級化的地主和軍工及萊茵、薩爾的煤礦主和冶金廠主、德國工業家協會的創始人為首的重工業資本家。他們無條件擁護帝國，支持俾斯麥政府，是俾斯麥鐵血政策的主要支柱，充任政府的大部分閣僚，被稱為「真正的政府派」。

(3)民族自由黨。於1867年從進步黨分化出來，代表著德意志西部和南部的大資產階級，是自由派的右翼。在德國向帝國主義階段過渡後，它成了壟斷資產階級的主要政黨。開初，口頭上主張實行徹底的代議制，如公民平等、民主自由、議會政治等，但很快便放棄以上綱領，滿足於俾斯麥的局部改革，從自由主義蛻化為與地主結成聯盟。直到70年代末，它與帝國黨一起，是俾斯麥政府在議會中的主要支柱。

　　(4)進步黨（1884年改名為「自由思想者黨」）和德意志人民黨。代表著中小城市的資產階級和知識分子，是自由派的左翼。它們堅持推行自由主義原則，反對擴充軍隊、增加軍事預算和保護關稅。這是帝國議會唯一的反對黨。但它們也絕沒有超出純粹議會反對派的範圍。

　　(5)中央黨。50年代初出現於普魯士邦議會裡的一個天主教政治派別，60年代中獲得羅馬教會的明確支持。1870年11月，普魯士邦議會選舉時，提出有關政治和社會的教會綱領，獲57席。1個月後組成中央黨。1871年3月，在帝國國會選舉中，在382席中得63席，成為國會中僅次於民族自由黨的第二大黨。這個黨代表著德意志

天主教區域的中小邦的貴族，聯合著對普魯士領導帝國不滿的各種社會力量，包括大批破產了的手工業者、南部和萊茵省的農民，落後的天主教徒工人。在它的綱領中，明確要求：維護帝國憲法的聯邦制特徵，反對一切中央集權主義的傾向，主張各邦在帝國內部有最大限度的獨立性，天主教不受制於國家。這是一股分離主義的勢力，它與保守黨一起，構成了俾斯麥政府的敵對派核心。

由於德意志的統一和向資本主義轉化是封建地主、資產階級和大小邦國妥協的結果，因此帝國建立後，所出現的政黨就不像多數歐美國家那樣，愈來愈明顯地形成單純的資產階級兩黨制，而是同時存在著代表各有產階級利益的眾多的政治黨派。不過，從這些黨派的成分、綱領和活動可以看出德意志帝國政治生活的一個顯著特點：地主是這個國家政權的支柱。

德意志這個中歐大國，當它興盛之時，正是歐洲資本主義在政治上開始衰敗之日，資產階級再不能也不敢用民主手段管理國家了。加之德國在完成從封建向資本主義轉化的時候，非但沒有削弱貴族地主階級的經濟政治力量，反而加強了他的地位，因此，在這種時代背景下，反民主的普魯士軍事官僚專制統治便獲得了良

好的生長環境。帝國的政治體制雖是資產階級性的君主立憲，但「君主」是實，「立憲」是虛；雖是地主階級和資產階級的政治聯盟，但貴族地主爲主，資產階級居次。馬克思在評論德意志帝國的政治制度的特點時指出：這是「一個以議會形象粉飾門面、混雜封建殘餘、已經受到資產階級影響、按官僚制度組織起來、並以警察來保衛、軍事專制制度的國家」，實質上就是一種極權統治的波拿巴主義的形式。地主資產階級就是按照這種政治體制統治著德意志帝國，卵翼著德國資本主義的發展。

6 工業革命的完成

19世紀70年代末80年代初，德國完成了工業革命。它僅用了40年的時間就走完了英國走了80年的路程，並且迅速地、徹底地改變了德國的經濟結構。

首先是改變了德國的工農業的比例。直至19世紀50年代，德依然是個農業國，全國70%以上的人口從事農業。真正稱得上是工業地區的地方屈指可數，大城市更少，全德1,016個城鎮，不足萬人的有998個。經過70～80年代的發展，到90年代，德國最終完成了工業化的進程。1895年，全國工人及其家屬達3,500萬人，佔總人口的67%。

其次是改變了德國的輕重工業的比例。重視重工業是德國工業革命的一個突出的特點，德國工業生產的重心從消費資料轉向生產資料，時間很早，週期很短。1841～1850年生產資料的增長為76%，消費資料的增長為40%。不過10年的光景，輕重工業生產的比重，兩大部類的經濟結構就開始發生根本性的變化。70年代後，德國的工業生產就是沿著這一趨勢迅速發展的。從60年代末到一次大戰前夕，德生產資料增長了8倍，消費資料僅增長3倍。工業品輸出中，生產資料的比重日增：1880年佔27%，1890年佔28%，1900年佔39%。

德國工業發展的特點還在於注重新興工業，尤其是電力、化學、鋼鐵工業的發展。

一、電力工業

　　對德國電業發展起重大作用的是威爾納・西門子（1816～1892年）。西門子是普魯士砲兵軍官，精心於電力的研究。1847年，還在服役時，他就成功地在柏林與波茨坦之間修建了一條電報線。1849年6月，西門子退伍，與機械師奧爾格・哈爾斯克在柏林創辦了一個「電報機械所」。機械所生意興隆，名聲大振，成了歐洲頗有影響的電力企業。1869年架設了倫敦・普魯士・俄國・波斯・印度的電報線路。1866年，西門子在英國人法拉第（1831年）發明的電磁感應作用原理的基礎上進一步研究，製成了一架大功率直流電機。1867年在巴黎世界博覽會上展出第一批樣機。這樣，西門子就首次完成了把機械能轉換成為電能的發明，因而開始了19世紀晚期的「強電」技術時代。1879年，西門子又發明了電動機，在柏林工商博覽會上展出一條小型電車軌道，1880年在巴黎展出這種有軌電車。1881年5月1日，柏林第一次通行了電車線路。電動機的發明又實現了一個突破，即把電能再轉換為機械能。1882～1885年，匈牙利

工程師代里等3人首創變壓器。1890年，德國人米夏埃爾・馮・多里沃製成一架三相電流變壓器。1891年，慕尼黑人奧斯卡・馮・米勒在法蘭克福世界電氣博覽會上宣布：他與多里沃合作架設的179公里長的輸電線，可把225千瓦的電流在3萬伏的電壓下從內卡河畔的勞芬送到法蘭克福。遠距離送電的成功，不僅使電力的應用範圍大大地擴大，而且使發電站的建設可以充分利用各種自然資源（水流被稱為「白色煤炭」），還可把所有的電站連結一起組成電力網，互相補充。第一次世界大戰期間，德中部的大型電廠戈爾帕・喬爾納維茲電廠，用負荷10萬伏的電纜向柏林供電。

電能的使用，電氣工業的興起，與蒸汽工業的興起一樣，是一場劃時代的深刻變革，它揭開了工業化的新紀元。過去是喚出「地下幽靈」——煤炭，現在則由「天上之火」——電火花來唱主角了。德國大的企業除了西門子的電氣工業外，80年代又出現了埃米爾・拉特瑙創立的通用電氣公司。這兩個公司成為當時世界的電業巨頭。1910年，德已有195家電氣公司，資本總額達12億馬克。德國電氣工業的總產值，1891年～1913年增加了28倍。

二、化學工業

　　1871年，俄國學者門捷列夫首創「元素週期表」，奠定了化學研究的理論基礎。德國利用這些成就，在19世紀最後30年內發展了化學工業，使之領先於其他國家。尤斯圖斯・馮・李比希（1803～1873年）為此作出了偉大的貢獻，其著作《有機化學在農業化學上的應用》被視為有機化學的經典著作，他設在吉森大學的示範實驗室成了當時各國青年化學家朝聖的地方。李比希因而被譽以「有機化學之父」。他的研究為德國的肥料工業開闢了道路，氮肥、磷肥的生產開始發展起來。從此，化學工業開始從紡織工業的一種附屬的輔助工業，發展成為一個新的生產部門。1855年德國建成第一座過磷酸肥料工廠，19世紀晚期德國的人造肥料便大批生產了。

　　1856年，英國年輕的化學家威廉・亨利・珀爾金利用煉焦油首次合成生產了一種苯胺染料。但由於英國當時可從廣大的殖民地獲得天然的植物染料，對發展人造染料並不熱中。這一成果被德國利用。在倫敦化學學院當教授的德國學者，李比希的學生威廉・霍爾曼1864年返回德國，在波昂、柏林從事化學染料的研究，為德的染料工業奠定了基礎。德國第一家染料廠弗瑞德里希・拜耳公司染料廠，90年代已是舉世聞名的企業。1876年，海因里希・卡洛製造出

「真正的紅色染料」。兩年後，哈‧鮑姆發明了酸性猩紅染料。而隨著焦油染料工業的繁榮興旺，酸鹼和其他無機副產品的生產也得到了推動。19世紀晚期至第一次世界大戰前，德國的焦油染料工業完全取代了天然染料。1877年，世界合成染料的產量德國佔了一半，1913年佔80％。染料的使用範圍也隨之擴大，被紡織、皮革、油漆、皮毛、造紙、印刷等工業廣泛使用。19世紀對有機化學理論的研究和實驗做出傑出貢獻的韋勒、杜馬、李比希等13人中，有7個是德國人。德國在世界化學工業中一直獨佔鰲頭。

三、煉鋼工業

1811年，弗瑞德里希‧克魯伯在人口僅有3千多人的埃森城建造一個小熔鐵爐，發明了一種生產鑄鋼的新方法。1826年老克魯伯去世後，長子亞弗雷德‧克魯伯繼

承父業，逐步把小企業發展成為一個鑄鋼廠。1851年，他在倫敦世界博覽會上展出一件鑄鋼砲筒。1859年，普魯士政府一次向他訂購3百門野戰砲。因此，克魯伯的鋼材世界聞名。1862～1863年，他建立了歐陸上第一家酸性轉爐鋼廠。隨著各先進的資本主義國家大規模鋪設鐵路，製造蒸汽機車，建造輪船，架設電訊電纜，生產近代武器等，對鋼鐵的需要量激增，一種能在8～10分鐘內把鑄鐵煉成鋼的貝塞麥轉爐應運而生。70年代後德國引進了這一新技術，80年代又採用湯瑪斯‧吉爾克萊斯鹼性轉爐煉鋼法。此後，高爐建築不斷改善，軋鋼技術有了很大的發展，合金鋼、不銹鋼、型鋼等開始生產，一個冶金工業體系形成了。德國鋼鐵工業迅速發展，並把英、法兩國遠遠拋在後面。到第一次世界大戰前，英、法、德的鋼產量分別為773萬噸、469萬噸、1,833萬噸。

在被稱作是第二次技術革命的19世紀後半葉的鋼鐵時代，德國脫穎而出，躍居歐陸之冠。凱恩斯（注6）在評述德國迅速發展鋼鐵生產的意義時指出：「德意志帝國與其說是建立在血與鐵之上，不如說是建立在煤與鐵之上更真實些。」

在交通運輸部門，德意志帝國亦取得重大的進展。

德國地處中歐大陸，不能像英國那樣利用大海來解決內陸運輸問題，它的河流多爲南北流向，也難以形成河網運輸。1835年德國建成第一條鐵路。帝國建立後，出現了修建鐵路的高潮，到80年代，就形成爲鐵路網，鐵路長度在中歐與西歐首屈一指。1870年1.9萬公里，1913年增至6.1萬公里。直到1870年，全德半數的鐵路都爲較大的邦國所有，私營鐵路亦受各邦國節制。從1879年起，俾斯麥開始分段實行鐵路國有化，到一次大戰爆發，所有鐵路都合併爲「德國國有鐵路」。鐵路網的形成，把沿海與內陸，原料產地與工業中心，城市與鄉村都串連起來了，造成了一個巨大的國內統一市場，刺激了鋼鐵工業、機械業、冶煉業的高速發展，因而全面推進了19世紀晚期德國工業的發展。

1845年，在杜伊斯堡製造的第一艘德國輪船「希望」號下水，沿萊茵河而下駛往南美洲。1879年，杜伊斯堡已成爲當時世界上最大的內河港口，爲魯爾地區輸入礦砂和糧食，輸出煤和鋼鐵製品。海運方面，80年代起，漢堡、不萊梅兩個港口擴建，不斷開拓海外新航線，1880年漢堡的輪船總噸位爲9.9萬噸，不萊梅爲5.9萬噸。20年後，兩個港口的輪船噸位已分別增至74.6萬噸和37.5萬

噸，由這兩個城市外航的航線分別為12條和4條。德國輪船行駛於世界各地，成為自從蒸汽時代以來第一個能與大英帝國一爭高低的船隊。90年代，德國開始大規模發展造船業，使船隊總噸位猛增。1870年不到百萬噸，1900年近200萬噸，1910年已達300萬噸。航運業，尤其是遠洋運輸業的發展，為德國開拓了廣闊的市場，為德國資本主義經濟的迅速起飛提供了廣闊的舞臺。

工業革命的完成，舊工業部門的改造，新工業部門的成長，德意志帝國已在新技術基礎上建立起完整的工業體系。到19世紀末20世紀初，德國便以其飛速發展的態勢躋身於歐洲工業強國的行列。1850～1900年，國民生產淨產值從105億馬克增至365億馬克。工業生產的絕對值增加了近6倍。

德國已成為歐洲頭號的工業強國。

注釋

【注6】凱恩斯：約翰·梅納德·凱恩斯（John Maynard Keynes，1883～1946年），現代西方經濟學最有影響的經濟學家之一，他創立的宏觀經濟學與佛洛伊德所創的精神分析法和愛因斯坦發現的相對論一起並稱為20世紀人類知識界的三大革命。

俾斯麥外交方針的制定

帝國建立後，俾斯麥在他任期內一直奉行著一個穩健的外交方針——「大陸政策」。其核心思想就是，避免德國過早地捲入海外殖民的爭端，避免同時與俄、法為敵，招來東西兩面的夾擊，集中全力鞏固和發展德國在中歐的強國地位。這位鐵血宰相為了貫徹他的大陸政策，布下了一個外交棋局：聯合奧地利，拉攏俄國，疏遠英國，孤立法國。為此，他協調俄、奧關係，挑起英、俄交惡，加深英、法對立，離間俄、法關係。正是按照這個大政方針，俾斯麥利用每一起國際爭端，細心編織著他的外交政策網路。

他向俄國頻送秋波，對俄國要求解脫1856年巴黎和約加於它的3個枷鎖（即黑海地區保持中立，封閉兩海峽，多瑙河置於國際監督之下）一再表示關切，在沙皇的近東擴張政策上推波助瀾，以此把英、法注意力引向東方，消弭德國東西兩面的威脅。

他協調俄、奧矛盾，不僅使德國免於在東西的兩個大君主國之間「選定一個」，而且進而能維持柏林‧維也納‧聖彼得堡宮廷的密切關係，用三皇結盟這個「歐

洲盾牌」去防止和對付俄、奧，或俄、法可能結成的同
盟。

他格外謹慎地處理對英關係。德國既不去踩英國殖
民霸權的老虎尾巴，又切忌綁在英國的戰車上而不能自
已；對俄、英關係則不失時機地進行挑唆，使「熊和
鯨」交惡。

他慫恿和默許英國在北非滲透，加劇英、法矛盾，
把爭奪歐陸霸權的兩個大國敵對關係的弦繃得緊緊的。

他縱橫捭闔，充任「誠實掮客」的角色，玩弄「五
球不落」的把戲，使作為19世紀歐洲外交中心的「東
方問題」一直處於沸點狀態，而德國則以「局外人」身
分超然於上，駕馭局勢。在確定德意志帝國初期的外交
方針上，一些貴族地主、資產階級曾激烈主張，「為了
德國的威望」，躋身殖民行列。俾斯麥不為狂熱的「民
族感情」所動，堅持己見：「我們不為『威望』所愚
弄」，「應該有勇氣放棄迄今為止所流行的『感情政
策』，而奉行一種『現實政策』。」他明確表示，他是
受「現實的委託」為德國創建一個國家的。俾斯麥的這
個「現實」是——

首先，以普魯士為中心統一起來的德國，內部的分

離主義傾向十分嚴重，因而初生的德意志帝國不該把自己的注意力放在外部，而應放在內部，把這個鬆散的、不穩定的聯邦逐漸改造成一個強大的政治實體；不是追求更多的殖民地，而是鞏固獲得的東西。

其次，推行新的殖民政策，必然與「統治著波浪」的大英帝國為敵。這首先得有強大的海軍，而在這方面德國是很微弱的。俾斯麥在1873年6月2日給德皇的報告中寫道：堅持不謀取歐洲以外地區的政策，是「建立在這麼一種信念上：我們的海軍在戰爭情況下，僅能完成其最迫切、最重要的任務的一半，如果它同時想保衛在國外的全部佔領地的話；⋯⋯這種佔領將給德國帶來的肯定不是強大，而只能是削弱」，他警告說：如果這時的德國讓殖民地問題縛住了自己，那麼「就會陷入波蘭小貴族的境地，他們雖有黑貂皮大衣，但是沒有襯衣」。

再次，巴黎公社失敗後，歐洲各國的工人運動一度沉寂，但德國的社會主義運動卻蓬勃興起，成了國際工人運動的重心。這使俾斯麥敏感到，德國在這時介入殖民爭奪，會由此引起大國間的戰爭。而這場戰爭，「不管其成敗與否，都將在許多國家導致革命。」推行保守的外交路

線也正是為了用它來對付國內鼎沸的革命情緒。

最後，德意志帝國立足和控制中歐尚未得手。戰敗的法國舉國上下臥薪嚐膽，以出人意料的速度復興；俄國始終不願明確表態支持德對法的新戰爭；英、奧也都不肯坐視一個過於強大的德國的崛起。因此，德意志帝國要在中歐站穩腳跟並非易事，它的孤立狀態和招來東西兩面夾擊的危機並未徹底解除。

俾斯麥正是從以上德國的「現實」出發制定了帝國政府的大陸政策，在19世紀晚期複雜而又微妙的國際局勢下，俾斯麥合縱連橫，搞均勢，走鋼絲，使德國成為歐洲外交天平上一塊舉足輕重的砝碼。

8 三皇協定

　　帝國建立伊始，在對外關係上，俾斯麥首先注重的是使法國無法找到反德的同盟力量。很長一段時期，「同盟的夢魘」纏得他坐臥不寧。「形勢要求我們，至少和列強之一透過條約建立起牢固的關係，以便把可能出現的反德同盟限制在一定的範圍。」俾斯麥說，「這個選擇只能是奧地利和俄國。」

　　關於德、俄關係，俾斯麥認為：兩個國家到現在還「沒有什麼利害衝突，……。相反的，作為鄰邦卻有共同的利益」，如瓜分和奴役波蘭；「傳統的王朝友誼、共同穩健的君主制政體，以及固有的政治上的一致」，恰是建立新的神聖同盟的基礎；更重要的是，70年代的俄國，由於不徹底的農奴制改革招致了政局不穩，沙皇亞歷山大二世正欲從外交上尋求擺脫國內困局的途徑。因此俾斯麥認為，俄國完全有可能成為德國的「現實的政治財富」。

　　關於德奧關係，俾斯麥充滿信心。因為──

　　(1)奧匈帝國剛成立不久，整頓內政及平息民族矛盾是其當務之急，若有來自外部的一臂之助，穩定其國內

局勢和國際地位，當然是求之不得的。

　　(2)1871年下半年，奧曾謀求英、奧聯盟共同對付俄國在巴爾幹的勢力擴張，英國政府踢回短球，支持奧的反俄政策，卻不承擔同盟義務。這給德國乘機伸手提供了方便。

　　(3)德國在1866年薩多瓦戰役所顯示出來的軍事力量和俾斯麥的寬宏大量，哈布斯堡王朝記憶猶新。而1871年10月短命的反德集團——霍亨瓦爾特內閣垮臺，親德的自由派掌權又極大地增添了德、奧親善的有利因素。

　　俄、奧關係使俾斯麥頗費心神。奧匈圖謀兼併波士尼亞與赫塞哥維納，使其成為奧匈帝國的第三個組成部分，變二元帝國為三元帝國。沙俄則籌畫建立受制於它的「自治」的大斯拉夫帝國。俄、奧兩國在巴爾幹利害衝突非常尖銳。不過，俾斯麥看到了俄、奧兩國的弱點。要採取一種激烈的巴爾幹政策和外交上的強硬行動，沙皇俄國此時在軍事上還缺乏足夠的準備，它的力量不足於同時與土、英、奧作對。相反的，實現俄、奧聯盟，可使奧地利脫離英國，確保在英、俄一旦開戰時，俄國西部邊境的安全。維也納政府則很清楚自己這個多民族帝國的內部弱點，如果沒有德國的支持，它也

不可能貿然在巴爾幹問題上推行嚴重損害俄國利益的強硬政策。此外，專制統治原則和鎮壓波蘭的共同要求，又使三君主國休戚與共。因此，俾斯麥充滿信心地估量到，俄、奧會「和睦相處」。他要竭盡全力，把三皇的決心和行動統一起來。

1871年8月，威廉一世和奧皇法蘭西‧約瑟夫在伊施爾會晤。期間，俾斯麥和奧相博伊斯特也在加施坦因和薩爾茲堡舉行會談。這次會晤成了三國君主頻頻往來的開端。1872年8月，威廉和俾斯麥在伊施爾再次會晤奧皇和奧相。9月，柏林邀請法蘭西‧約瑟夫及新任首相朱里烏斯‧安德拉西前往訪問，觀看德國陸軍的秋季演習。威廉的侍從史奈德將這個資訊函告聖彼得堡宮廷，並附上了他自己的建議：希望亞歷山大最好作為皇帝會晤的第三個參加者來出席。沙皇心領神會這種「非官方」的邀請。就在奧皇一行去柏林的前半個多月，亞歷山大在檢閱波羅的海艦隊時用探詢的口氣向德國大使問道：「柏林在會見奧皇的同時是否也願意會見我呢？您認為這會使德皇高興嗎？」威廉和他的首相豈止「高興」，他們把俄國皇帝的到來視為是對法國的示威，因而欣然發出邀請。

1872年9月5日至12日，三位皇帝會聚德國首都。在盛大的歡迎會、宴會、舞會之外，三國的大臣——俾斯麥、哥爾察可夫、安德拉西進行緊張的談判。但談判是雙邊的，從未三方一起討論過。俄、奧就巴爾幹問題達成了口頭協定，商妥：維持巴爾幹現狀；如現狀變化，兩國恪守「不干涉」的原則。德、俄就兩國的軍事合作達成協議，擬定締結正式軍事專約的方案。柏林會晤為三皇同盟的形成打下了基礎。

　　1873年5月初，威廉在俾斯麥和毛奇陪同下，到聖彼得堡進行國事訪問。與此同時，德國皇太子去維也納作正式訪問。5月6日，毛奇與俄國元帥貝爾格正式簽訂了一項軍事專約。第一條載明：「如果兩帝國之一遭到任何一個歐洲國家的攻擊，另一帝國應立即以精銳軍隊20萬人予以援助。」在附加聲明中規定：軍事「費用由取得援助的國家負擔」。同一天，兩國皇帝批准了這項專約。1個月以後，沙皇偕同哥爾察可夫去訪問維也納。6月6日，在維也納附近的舍恩布龍，俄、奧皇帝簽訂協議：兩國出現分歧時，「要進行磋商」，以使分歧不致擴大；遇有第三國進犯時，「不需尋求或締結新的同盟」，應立即商談，議定「共同的行動方針」。俾斯麥

對此協議深表滿意。10月29日，威廉抵達維也納，在同意加入舍恩布龍協議的文書上寫明：「對上述協議中所列各條款在任何方面都表同意。」這就是所謂「三皇同盟」。

實際上，與其說是同盟條約，還不如說是協商公約。它僅是三君主間的一種鬆散的聯繫，並且彼此間的戒心都還很重，加上德、俄在對待法國的態度上，俄、奧在對待英國的態度上，分歧甚大，因而這種外交組合堪稱是貌合神離。儘管如此，對德意志帝國來說，「同盟」的產生還是有作用的：它顯示出聯成一體的君主政體與西方議會政體的差異，只要維也納和聖彼得堡重視這三皇同盟，奧地利或俄國向共和制的法國提供援助的危險就會大大減少。

9 俾斯麥下臺

　　1888年3月9日，威廉一世逝世，弗瑞德里希·威廉繼承了普魯士王冠和德意志帝國皇位，稱弗瑞德里希三世。自由黨對新皇表現了無限的忠誠。不過它在議會的席位還不足1/10，對俾斯麥內閣尚不能構成太大的威脅。事實上，弗瑞德里希三世已病入膏肓，登基99天便一命嗚呼。30歲的太子繼位，是為威廉二世。

　　年輕氣盛的威廉二世反映著經濟正在膨脹的大工業家、大地主的要求，在內政外交上與保守的俾斯麥產生了尖銳的衝突。威廉二世決定親自過問外交。從夏天到秋天，他出訪彼得霍夫、斯德哥爾摩、哥本哈根、維也納、羅馬、雅典和君士坦丁堡。其對英、俄、法的態度使俾斯麥捉摸不定，以致首相抱怨說：「皇上像顆氣球，不把線抓緊，就不知道過一會兒他會飛到哪裡去。」其實，此時的俾斯麥已不可能「抓」得住皇帝了。威廉二世不斷從新任參謀總長瓦德西那裡獲得與外交部提供的相反的情報，認定對俄國採取友好政策是不實際的。他在1889年4月接見德駐土大使時說：「如果俾斯麥不願和我們一起反對俄國人，我們就只好分道揚鑣了。」7月，威廉二世強令俾斯麥制止俄在德出售證券。更有甚者，

皇帝與瓦德西同持一個觀點：對俄發動先發制人的戰爭。

在內政方面，特別是在如何對待德國工人運動的問題上，皇帝與首相的分歧也很大。德國的政治現實越來越表明，俾斯麥以《非常法》這種強硬的鎮壓手段，非但不能制服社會主義運動，反使工人階級的力量在反非常法的抗爭中不斷壯大，日益威脅著帝國的統治。1889年5、6月，魯爾等地區15萬煤礦工人的大罷工宣告了俾斯麥暴虐政策的破產。為了有效地瓦解工人，從根本上維護有產階級的利益，威廉二世決意摒棄俾斯麥的大棒政策，主張懷柔手段，宣稱他不願意「用工人的鮮血染紅他執政的最初年月」，而願意做一個「乞丐的國王」。5月14日，威廉以國王身分出席普魯士內閣會議，指示大臣，迫使礦主滿足工人要求以平息罷工。皇帝提出一個社會改革的計畫，諸如禁止週日開工，限制童工、女工的勞動強度，加強勞動保護等，把德國的社會立法由社會保險推進到勞動立法階段。

俾斯麥固執己見，對工人的罷工抗爭繼續鎮壓。10月，政府向議會提出一個草案，主張把1878年「非常法」每隔3年討論一次的時間界限取消，使之成為永久性制度。1890年1月24日召開的御前會議，內閣大臣提出了這個議案，威廉二世大發雷霆，他在離開樞密院時大聲嚷道：「他們簡直不是我

的大臣，而是俾斯麥侯爵的大臣。」翌日，帝國議會以169票對98票否決了延長反社會黨人法的提案。2月4日，《帝國新聞》刊登了皇帝關於實行勞工保險法和在柏林舉行討論社會立法的國際會議的諭旨。這是自帝國成立以來第一次發表的沒有首相副署的聖諭。威廉二世開始要踢開俾斯麥了。

2月20日，帝國議會選舉，「政黨聯盟」慘敗，所得議席從上屆議會的220席降為135席。自由黨和社會民主黨的席位成倍的增加。尤是社會民主黨共得142萬多張選票，佔選票數的20％。2月20日選舉表明，俾斯麥的基礎瓦解了。

俾斯麥並不善罷甘休。他想策劃新的政黨聯盟，從保守黨和中央黨中間組織一個新的多數，然後重演1862年的憲法衝突鬧劇，使小威廉同樣陷入當年老威廉的困境之中。然而今非昔比，社會經濟和政治結構的變動使這位保守的貴族地主再也抖不起當年「鐵血宰相」的威風了。當威廉二世得知俾斯麥接見中央黨領袖溫德霍斯特策劃新聯盟時，怒不可遏，他甚至懷疑俾斯麥準備圖謀不軌，說：「當我看到一個火車頭朝我開來時，我不應站在路上，而是跳上去駕駛它。」3月4日，威廉二世下諭要俾斯麥禁止實施任何反社會主義者法令。3月16日，皇帝得到了關於烏克蘭俄軍調動的報告，給首相發了一急件，斥責他沒有提請皇帝注意「這一迫在眉

睫的危險」，並逼俾斯麥離任。分道揚鑣的時刻已到來。

3月18日，俾斯麥正式遞上辭呈。3月20日，威廉二世在報上發表恩寵信，以「不安和沉重」的心情接受了首相的辭職。3月24日，俾斯麥告別威廉街官邸，回到他的弗瑞德里斯魯莊園，在那裡度過了他一生最後的8個春秋。1898年7月30日逝世。

俾斯麥在統一德意志和鞏固統一的成果上，有著不可磨滅的歷史作用。他在主持國政的20年中，堅持現實主義的外交政策，避免德國過早地捲入列強殖民爭端的漩渦，為德國爭得了20年和平發展的時間，使德國從一個落後的農業國一躍而為中歐強大的工業國。作為普魯士資產階級化的地主和德國大資產階級的代表人物，他極端仇視人民，仇視工人階級，仇恨社會主義，他擴展普魯士軍國主義勢力，嚴酷鎮壓工人運動，窒息人民民主，實行道道地地的波拿巴式的專制獨裁統治。俾斯麥以其敏銳的政治目光登上統治寶座，又因為治國有術博得了有產階級的崇尚。他過於自負，堅信自己的大政方針的正確性，他的大陸政策、鞭子政策都因不能適應日益膨脹的資本主義經濟的需要而一一破產，終被大地主、大資產階級所拋棄。德國的歷史也因此而跨進一個新的階段。

第8章
威廉二世時代：1890～1919年

1 爭奪「日光下的地盤」

　　俾斯麥下臺後，威廉二世推行「新路線」，在對外政策方面基本上仍按俾斯麥的方針繼續滑行，著眼點還是鞏固帝國在歐洲的地位。但在具體做法上，兩者又略有不同，主要表現在對俄國和英國的立場上。

　　卡普里維認為俾斯麥的防止兩線作戰方針是不實際的，德國必須做好充分準備，以對付俄、法同盟的進攻。1890年，德、俄再保險條約期滿，俄國提出續訂。威廉二世決定不再延長。俄、德關係正式拉開距離，並日趨惡化。為了迫使俄國降低關稅，威廉將俄國商品的進口稅提高了50％。沙皇以牙還牙，從1893年夏天起，兩國展開了關稅戰，雙方的貿易關係幾乎陷於停頓。之後，德國政府曾一度試圖與俄重修「傳統友誼」，1894年締結了德、俄貿易條約。但兩國關係始終未能根本改善。來自東面（俄國）的威脅日益增大，以致年近垂暮的俾斯麥於1896年10月在《漢堡新聞》上公開披露1887～1890年德、俄再保險條約，譴責新政府反俄政策給德國帶來的麻煩。德、俄的疏遠，推動了停滯不前的俄、法兩國的接近。1893年，俄國艦隊示威性地訪問了

土倫的法國海軍，並於這一年12月締結了俄、法軍事條約。兩國協定：如果德國或在德支持下的義大利進攻法國，則俄國應全力對德作戰，如果德國或在德支持下的奧地利進攻俄國，則法國應全力對德作戰；一旦開戰，兩國指定的「軍隊應盡速全部參加戰鬥，使德國不得不在東線和西線同時作戰」。就這樣，在歐洲又有一個強大的集團勢力在與三國同盟相對峙，德國已開始捲進大國爭端的漩渦，俾斯麥時代帝國那種超脫的「局外人」角色再也扮演不下去了。

　　德意志帝國既準備兩線作戰，就需要建立一個在力量上超過俄、法的大國集團。這就使得威廉二世把結盟的目光移向英國，他表示在東非殖民地問題上，德國政府準備向英國的任何要求做出讓步。1890年7月1日，德、英簽訂了《赫爾戈蘭‧桑吉巴條約》，德國放棄它在東非的要求，承認英國對桑吉巴和奔巴的保護權，作為交換條件，德國獲得了赫爾戈蘭島。1891年7月，威廉二世訪問他的外祖母維多利亞女王，明顯表示3國同盟與英國友好的願望。同時，外交大臣馬沙爾在與英相索爾斯伯里的會談時，也一再表明英、德聯手，對付俄、法的要求。1893年7月，英、法印度支那衝突，柏

林當局對來自倫敦的合作建議欣然應允。然而，隨著德國資本主義經濟的迅速發展和對殖民地擴張的強烈要求，英、德攜手難以持久。8月，英相和德皇就近東問題磋商失敗。

次年1月，威廉二世對英國在南非進襲失敗，給德蘭士瓦總統克魯格發去賀電，表示：如果布林人自己不能取勝，「友邦」就會援助他們。賀電在報上公開發表，英國群情激憤，《泰晤士報》等掀起了反德宣傳，倫敦的德國商店被砸，英國人對德國這個咄咄逼人的競爭者的多年積怨驟然爆發出來。克魯格電報使英、德對抗完全尖銳化了。

在德意志統治集團中，圍繞著固守歐陸還是海外殖民這一根本方針，產生了皇帝與內閣的衝突。威廉二世對過去10年來內閣未能採取步驟加快海陸軍建設的「愚蠢政策」深為不滿，決心起用心腹，加強君主的權力。1897年，海軍少將亞弗雷德‧馮‧蒂爾皮茲（1847～1930年）出任海軍大臣，狂熱鼓吹對外擴張的伯恩哈德‧馮‧標洛（1849～1929年）為外交國務秘書（1900年接替霍亨洛埃任首相）。此外，參謀總長亞弗雷德‧馮‧瓦德西（1832～1904年）和外交部官員霍爾斯坦因

等都是圈中人物。德意志帝國急不可耐地躍上殖民角逐的舞臺，這一轉折性的變化正是德國壟斷資本急速膨脹的結果。

德國是在世界已被列強基本瓜分完畢時走上世界舞臺的後起帝國主義國家，它要求重新瓜分世界，富有強烈的侵略性。1900年2月11日《泛德意志報》一篇「20世紀的德國」的文章吐露了德帝國的哀怨，說：「德國因本身殖民地擁有的不充分而不得不依賴於從南美和亞洲土耳其取得補充，因而處於一種非常被動的地位。」帝國軍事將領弗・馮・伯恩哈迪在一本《我們的未來》小冊子中也悲痛地承認：「我們在各方面仍顯示不出世界大國的威望，德國只能在地球上的少數幾個地區，即以前經英國認可的、目前還佔據著的少數幾塊殖民地上自由行事。……這種殖民地的佔有狀況，無論如何既不符合我們作為有文化的民族而具有的價值，也不能滿足我們的經濟需要。」他大聲疾呼：「如果我們來觀察一下英國、法國，甚至小小的比利時所擁有的殖民地面積，我們會清楚地看到：在地球的分配中，我們自己早犯了嚴重的錯誤，吃了大虧。」

泛德意志聯盟主席海因里希・克拉斯在《假如我是

皇帝》一書中則直言不諱地寫道：「如果說某一個國家有理由關心如何擴大它的勢力範圍，這個國家就是德意志帝國……。我們需要工業品的銷售地區和工業原料產地。」很顯然，德帝國主義已急切從大陸政策向世界政策根本轉變了。標洛在1897年12月6日帝國國會論證德國在東亞的殖民政策時指出：「各民族在爭奪統治大有發展前途的地區的競爭中，從一開始就不應當把德國排斥在外。德國過去曾有那樣的時期，把土地讓給一個鄰國，而自己只剩下純粹在理論上主宰著的天空，可是這種時期已經一去不復返了。……我們也要爲自己要求在日光下的地盤。」

2 民族沙文主義宣傳

德國在推行「世界政策」和大肆擴軍備戰的同時，一批民族沙文主義團體隨之興起。在統治者利用、操縱下，民族沙文主義宣傳甚囂塵上。1891年4月，德國的泛日耳曼主義者組成日耳曼總同盟，1894年改組為泛德意志同盟。這個組織是由克魯伯總經理亞弗雷德·胡根貝格發起的，其成員多為上層資產階級、官吏和上層知識份子，包括大壟斷資本家、知名的議員、律師、主要報刊的所有者和主筆、政府官員、軍官、牧師和教授。同盟的綱領為：

(1)復甦民族意識，與一切阻礙民族發展的流派進行抗爭。

(2)在所有邦國培植和支持德意志的民族意識，並聯合地球上一切德意志人為維護他們的民族特性而抗爭。

(3)支持政府在歐洲和海外推行強有力的政策。

為此，同盟堅持：必須敵視德意志帝國世界政策道路上最大障礙的英國；必須建立一支強大的海軍以作為殖民擴張的手段；必須確立德國在歐陸上的統治地位。泛德意志同盟是德國帝國主義進行沙文主義宣傳的工

具，在國內外有27個下屬組織，其中較大的有：海軍協會、陸軍協會、殖民地協會、國際協會、德國東部邊境學會、青年德意志同盟等。所有這些組織，名爲「群眾團體」，實際上都爲政府所扶植。它們的政治主張和蠱惑人心的宣傳也都直接影響著政府的政策，形成一個各黨派以外的「社會力量第二體系」。鼓吹沙文主義軍國主義的著作在德國紛紛應運而生。

「可以說，自俾斯麥離職以來，在我們的輿論界已發生了根本的變化了，即德國滿足的話已不再流行了，發展和需要證明，我們的肚子又餓了，渴望得到土地。」

「我們歐洲的地盤對我們來說是太小了。但願那些主宰我們命運的大人物能夠使德國在太陽下面爭得一塊必需的地盤。」

爲了給「爭奪日光下地盤」製造理論依據，報紙還寫道：「我們的德國完全應從它的地理上非常值得自豪的優勢中取得好處。」

有的士兵甚至公然說：「戰爭是萬事之父……；戰爭不僅是一種生物規律，也是一種道德規律，因而是文明的不可缺乏的因素。」

「德國人的氣質將會再次使世界復興。」這種宣揚德意志民族優越的語句幾乎成了威廉皇帝的口頭語。在德國帝國主義者的心目中，他們的民族「在精神方面所創造和擁有的一切都具有世界意義，德意志的衰落意味著全部文明的不可彌補的損失。自路德、康得、席勒以來，沒有一個民族如此認眞致力於建設一個精神獨立的有道德的世界」。

他們說：「人類的本質及其更高的使命要求文明民族統治世界」，而這個「世界」還沒有讓最優秀的民族發揮它的應有作用，這是很「不公平」的。因此，用火和劍去剿滅異族，讓德意志這個「治人」的民族「成爲歐洲和世界上開創新風氣的典範」，這是天經地義的。

沙文主義者煞費苦心地把壟斷資產階級的階級要求融化於全民族利益之中，以此誘使人民集合在民族沙文主義的大旗之下，擁護和支持帝國主義戰爭。列寧曾引用塞西爾‧羅得斯的一段話來表現這種狹隘的民族主義理論：「我的神聖的主張是解決社會問題……；我常常說，帝國就是吃飽肚子的問題。要是你不希望發生內戰，你就應當成爲帝國主義者。」

他們攻擊社會民主黨的反戰宣傳是違反民族利益

的。《泛德意志報》的一篇文章這樣寫道：「如果所謂的工人階級的代表反對德國的世界政策，他們就最嚴重侵犯了對他們寄予信任的同胞的利益。」在泛德意志同盟等民族沙文主義組織的鼓噪下，在修正主義者的幫腔下，19世紀末20世紀初的德意志上空瀰漫著沙文主義、民族擴張主義的陰霾，毒害著各階層的人民。在一個具有嚴重的軍國主義傳統和歷來對民族問題至為敏感的國度裡，這種猖狂的沙文主義宣傳無疑對發動侵略戰爭起了推波助瀾的作用。

③ 德國的戰略設想

　　從大陸的一隅擴向全球，建立幅員遼闊的殖民帝國，這早在19世紀末年起就已成為德國對外政策的重心。1899年12月11日總理的國會演說對此作了明確的表露：「我們不能容忍任何外國，任何國外的主神向我們說：『怎麼辦？世界已分割完了！』……我們要求建造大德意志帝國。」第二帝國的擴張狂們欲壑難填，勾畫著一幅幅殖民藍圖。

　　獨霸歐洲是大德意志帝國夢想的重要組成部分。在柏林當局看來，德國主宰歐洲的日子已經到來，歐洲霸主非我莫屬。因此他們設想斯堪的納維亞半島諸國、荷蘭、丹麥，以及瑞士、比利時和法國東部都應併入大德意志帝國的版圖，特別是加萊海峽沿岸地區更應囊括在內。哈曼在《新路線》一書中指出：「法國的三色旗在敦克爾克、里爾、阿爾特賴特以及在南錫、呂內維爾、圖爾和凡爾登尚未落到德意志鷹的腳下之前，德意志帝國是不會感到滿足的。」他們還妄圖以組織關稅同盟為名，把中歐的奧地利、巴爾幹半島上的羅馬尼亞、阿爾巴尼亞和土耳其等作為自己的附庸，他們認為：「正如

1834年的關稅同盟創建了德意志帝國的基礎一樣，這個同盟也將創建一個大德意志帝國的基礎。」

「向東推進」，躋身於東方角逐舞臺，控制奧斯曼版圖，不僅是對付俄國之必須，而且對建立大德意志帝國更具有十分重要的現實意義。經濟上可為德國提供糧食和原料。政治上，這是德國伸手俄英殖民地勢力範圍的基地。因此標洛主張：「必須不惜任何代價同（土耳其）蘇丹結成聯盟。」

關於非洲大陸，德國首先計畫建立一個自大西洋直抵印度洋的中非殖民地，包括德屬西南非洲、葡屬安哥拉、比屬剛果的一部分、德屬東非、葡屬莫三比克（直到贊比西河）。這個勢力範圍一旦得手，將不僅為德國提供大量的農作物資源、礦產資源和投資場所，而且可攔腰切斷英國縱貫非洲的開羅‧開普敦殖民體系，並以此為陣地南北伸展，進行非洲大陸的再瓜分。德國還透過對南非布林人共和國的支援，不斷給英國製造麻煩，迫其就範。

在亞洲太平洋地區，德國更是急於擁有一席之地，特別是給自己在太平洋上建立一個海軍基地。為此，它把目標盯在薩摩亞群島上。此處從1889年起實行美、英、德共管，現在德企圖攫為己有或獨佔一部分。1898年7月，德趁美西戰爭之機，正式向美國提出：結束3

國對薩摩亞的共管，將之移交德國單獨佔有，同時打算取得西班牙在太平洋上的屬地加羅林群島。美國斷然拒絕。次年，德國利用英、布戰爭之機，在群島內挑起內訌，抬出傀儡政府，然後恫嚇英國，以斷絕兩國外交關係相威脅。結果英國被迫讓步，1899年簽訂協定，德國取得了薩摩亞群島中的兩個島嶼。

　　為實現「大德意志帝國」的計畫，早在1905年德國參謀本部就制訂了一個完整的作戰計畫，因主持制訂該計畫的是當時的參謀總長亞弗雷德‧馮‧希里芬伯爵（1833～1913年），史稱「希里芬計畫」。它的戰略設想是：一旦戰爭爆發，德國應集中優勢兵力，用速戰速決的方法，先在西線分左右兩路給法軍「坎尼式」的圍殲。由79個師組成的右翼，越過比利時和盧森堡，進入法國北部；由8個師組成的左翼留在法、德邊界的阿爾薩斯‧洛林地區。這樣，德軍就以梅斯為樞軸，像一扇巨大的旋轉門，將一直橫掃到法國沿海地區，南北包圍巴黎，「6週內把法國解決掉」。然後移兵東線，擊潰俄國，3個月凱旋而歸，以擺脫東西兩線同時作戰的局面。從1908年起，接替希里芬的小毛奇便按此方案著手部署兵力。只待戰機一到，德軍便可揮戈西進。

4　第一次世界大戰

　　第一次世界大戰簡稱一戰（1914年8月～1918年11月），是一場主要發生在歐洲但波及到全世界的戰爭，當時世界上許多國家都以不同的方式和程度捲入了這場戰爭，是歐洲歷史上破壞性最強的戰爭之一，是帝國主義列強爭霸世界的標誌。戰爭過程主要是以德國為首的同盟國和以英、法為首的協約國之間的戰鬥，中國北洋政府於1917年8月14日對德、奧宣戰。第一次世界大戰以協約國的勝利而告終，並導致了亞洲西部和歐洲東南部、非洲北部的奧斯曼帝國、歐洲中部的德意志帝國、歐洲東部和亞洲北部的俄羅斯帝國、歐洲中部的奧匈帝國四大帝國土崩瓦解，並促成國際聯盟的成立。

　　根本原因：帝國主義國家政治經濟發展不平衡，由於德國等資本主義國家在第二次工業革命後軍事、經濟國力大大增強，一舉超越老牌資本主義國家，原有「均勢」遭到破壞，於是他們便要求重新瓜分世界，這影響到了老牌資本主義國家的利益，導致帝國主義國家之間的衝突形成和激化，最終釀成戰爭。

　　第一次世界大戰時期建立的國家聯盟。參與該聯盟

的國家主要有德國、奧匈帝國、義大利等數個國家。值得注意的是，義大利雖然是同盟國國家，但在1915年5月加入協約國。3國同盟遂告瓦解。世界大戰末，美國加入協約國，同盟國最終失敗．在第一次世界大戰時，加入同盟國方面作戰的共有德國、奧匈帝國、保加利亞和土耳其（時稱奧斯曼帝國）4個國家。

　　兩大軍事集團在戰前進行了激烈的軍備競賽：德國於1900年制訂海軍法，將海軍規模大加擴充，英國爲保持海上力量優勢以維持安全，在1905年開始建造無畏艦，並在1907年德國開始建造無畏艦時以二對一海軍政策，即保持自身無畏艦數爲德方之兩倍以相應付，在第二次摩洛哥危機後，又聯同法、俄兩國實施3國海軍聯防，即英國在北海、法國在地中海、俄國在波羅的海分別對付德國與奧匈帝國兩國海軍；而在陸軍方面，由1880年到1913年，德國常備軍由42萬擴充至87萬，法國則由50萬擴充至80萬，俄羅斯也準備由80萬增加到230萬，可是最後雖未達標，唯其陸軍已有140萬，是全歐之冠，不過其素質卻甚爲低下，無法和德、法兩國的陸軍相比；奧匈的軍隊由27萬擴漲至80萬，義大利由20萬擴大至35萬，而奧、義兩國的陸軍素質皆不及德、法，最

後美國也回應歐洲局勢緊張將軍隊數由3萬4千人擴張至16萬。

1914年8月2日，德軍出兵中立國盧森堡，以取得盧森堡的鐵路網。8月3日，德軍對比利時不宣而戰。至8月9日，德軍成功攻佔比利時全境，並且驅逐在比利時境內的法軍回法國境內。8月21日，德軍分兵五路攻向法國北部，法軍失守，被迫後撤。9月3日，德軍已進逼巴黎，法國政府被迫撤退至波爾多。9月5日～9月12日，德軍與英、法聯軍在巴黎近郊馬恩河至凡爾登一線爆發馬恩河戰役，結果兩敗俱傷，德軍只得轉入戰略防禦，固守安納河一線，戰鬥開始演變為陣地戰。接著，雙方爆發了奔向海邊的運動戰，結果英、法聯軍被打敗。德軍成功奪取法國東北部的廣闊領土，但始終不能截斷英、法兩國的運輸線。隨後雙方再爆發佛蘭德會戰，但雙方均無重大成果，結果戰事進入膠著對峙狀態。

1915年春，英、法聯軍趁德軍主力集中在東面戰線，發動了香巴尼和阿杜瓦兩輪攻勢。但因為沿用舊戰術，而且欠缺強大火力掩護，結果被德軍成功抵擋，己方反而傷亡慘重。該年4月德軍反擊，並首次使用毒氣，使雙方的損失更為慘重。結果1915年的西面戰線，英、

法聯軍死傷百萬人，德軍亦死傷61萬人，但戰事仍然膠著。

1916年2月，東面戰線的壓力稍微降低，德軍主力再次移師西線，與法軍爆發凡爾登會戰。結果在激戰7個多月後，德軍仍不能攻取凡爾登。而英、法聯軍為了制衡德軍，在該年7月初向索姆河一線與德軍爆發索姆河戰役，戰況更為慘烈。英軍雖然在這場戰爭裡首次使用坦克，但雙方在傷亡共約120萬人後，戰事仍未有重大突破，並持續至該年11月，西線再次變為膠著對峙狀態，不過協約國開始掌握戰爭的主動權。

1917年，東線因俄國發生十月革命並退出戰爭而結束，德軍立即集中於西線，意圖在美軍到達歐洲之前，於1918年夏季打敗英、法兩國，以扭轉局勢。1918年3月～7月，德軍接連於西線發動5次大規模的攻勢，頭兩次攻勢在損兵10萬後仍無所獲。而美軍則已到達歐洲，使協約國兵力大增。該年5月底，德軍發動第三次攻勢，這次成功突破法軍的防線進逼至距巴黎僅37公里之地，但並不能殲滅英、法聯軍的主力，而己方則損失10萬人。在6月9日～6月13日這5天，德軍發動第四次攻勢，企圖將德軍在亞眠和馬恩河的兩個突出點接連起來，以

集中兵力攻擊巴黎，但並未能成功。7月15日，德軍發動第五次攻勢，但在損失15個師後，因無所獲，己方軍力反而消耗殆盡，只得撤退至興登堡防線，從此只能作消極防禦。

雖然俄國退出戰爭，但德國的各盟國——奧斯曼土耳其帝國、保加利亞帝國和奧匈帝國卻因持續作戰，致使經濟崩潰，國內各民族發生起義，結果無力再戰，相繼向協約國求和。最後德國內部亦發生政變，並向協約國求和，第一次世界大戰結束。

1918年8月～9月，德軍再損失15萬人、大砲2千餘門及機槍1萬3千餘挺。不斷傳來的軍事失敗的消息使德國國內的衝突加劇。9月，興登堡建議在德國議會提出要「結束戰爭」。但德軍的最高統帥部卻仍死心不息，意圖用剩餘的海軍艦隻與英國海軍進行最後決戰。結果德國水兵因不願送死，在基爾港發生起義，並迅速蔓延到整個海軍及全國。11月9日，德國首都柏林亦發生十一月革命，德皇威廉二世只得宣布退位，並逃至荷蘭，德國社會民主黨組成臨時政府，宣布成立威瑪共和國。11月11日，《貢比涅森林停戰協定》簽訂，德國投降。歷時4年3個月的第一次世界大戰以協約國的勝利告終。

5 凡爾賽條約與德國復仇

1919年1月18日，在法國巴黎的凡爾賽宮召開了分贓的會議——巴黎和會。

參加巴黎和會的各國代表有1千多人，其中全權代表70人，後改為「4人會議」，即美國總統威爾遜、英國首相勞合‧喬治、法國總理克雷曼索和義大利首相奧蘭多。後因義大利在大戰中作用不大，貢獻幾乎是負的，本國底子又薄，被英、法冷落一邊。所以實際上又變為「3人會議」，他們是巴黎和會的三巨頭，也是主宰者。

在會議過程中，三巨頭各懷鬼胎。

英國：希望得到海上霸權，殖民霸權，而且希望歐洲大陸各國實力均等，即大陸均勢。

法國：希望得到歐陸霸權。

美國：世界霸權。

於是，很有意思的一幕出現了，每一個國家都會與另兩個國家互為對手，而又都能與另兩個國家的任意一個聯手。

所以，這場會議足足開了5個多月。

為了索取戰敗國的賠款，英國首相勞合‧喬治和法國總理克雷曼索吵得不可開交。

「你們法國拿50%，我們英國得30%，怎麼樣？」

「不行，絕對不行！這次大戰，法國損失最大，我們應該得58%。」

「太過分了，我們不同意。」

「那我們也不同意。」已經78歲的克雷曼索，雖已滿頭白髮，但仍像隻野獸般凶猛，真不愧他的「老虎總理」的外號。而勞合·喬治也百般糾纏，一點兒都不犧牲自己的利益。

美國總統威爾遜只好在英、法之間周旋，忙著打圓場：「我們美國一分錢都不要。你們兩國都犧牲些，讓別的國家也得點好處，法國得56%，英國得28%，這樣可以嗎？」

克雷曼索厲聲喊著：「可以。但法、德邊界得以萊茵河為界：除阿爾薩斯·洛林歸還法國外，德國的薩爾區也歸我們！」如果法國得到薩爾區，就意味著他控制了歐洲最重要的軍事工業區，將來可以在歐洲大陸稱王稱霸。對這點，英國和美國當然不同意。他們從1月吵到4月，誰也不肯讓步。威爾遜和克雷曼索都以退出和會來要脅對方。

3個人經過無數次的爭執和討價還價後，終於有了結果：英國得到了國際聯盟所規定的委任統治制度下擁有1千萬人口的領土，法國得到750萬人口的地區，包括阿爾薩斯、洛林、薩爾（法國只許佔有薩爾15年，之後歸還德

國），日本也得到了德國在太平洋上的屬地，而美國的「門戶開放」原則也得以通過，美國的商品與資本可以進入這些地區，實行機會均沾，大家都有好處分享。

在巴黎和會以後，各國列強暫時在歐洲等地區方面的衝突得到了抑制。隨後，建立起了被稱為凡爾賽體系的國際地區「新秩序」。凡爾賽體系不但包括對德條約，還包括對奧地利的《聖日耳曼條約》，對保加利亞的《納伊條約》，對匈牙利的《特里亞農條約》，土耳其的《色佛爾條約》，但是對土條約遭到土耳其的資產階級的反對，後來聯軍被凱末爾打敗，最終簽定了《洛桑條約》。由上述幾個條約共同構成了凡爾賽體系，其實質是一戰後帝國主義重新安排的國際體系。

巴黎和會在協調一戰參戰戰勝國家之間的衝突上面起到了一定的作用，但是其強權政治的霸道措施，未能從根本上協調好各國的爭議。比如對殖民地進行「委任統治」，按照民族自決原則處理民族關係，實際上都是為了維護戰勝國的利益，無論戰勝國與戰敗國，還是在戰勝國之間，還是殖民地和半殖民地與帝國主義之間，他們之間的衝突仍然未徹底解決，但是卻埋下了戰爭的種子。陸軍的福煦元帥在聽到和會簽訂的和約內容後，就這樣評價說：「這不是和平，這是20年休戰！」值得注意的是，元帥的預言驚人的準確，因為

德國正式發動第二次世界大戰，正是在20年後的1939年。

譬如，和會對德國進行的宰割性懲罰措施，嚴重傷害了德國人民的民族感情，被德國人普遍認為這是「強加的和平」。戰後，德國的民族主義高漲，也為後來納粹勢力在德國的登場和希特勒撕毀和約擴軍備戰提供了口實。英、法也因此對德國感到有愧，使得後來綏靖主義盛行，以及戰後不久的國內經濟危機。

《凡爾賽條約》將發動戰爭的責任全部推給了德國，因而對德國實行條件極為嚴厲的經濟與軍事制裁，德國失去了13%的國土和12%的人口，德國被解除武裝，德國的陸軍被控制在10萬人以下，不准擁有空軍。德國雖然在一戰中最後戰敗，但德國的元氣並未受到過大的傷害，工業體系依然保存完整，而且德國本土並未受到戰火的波及，而且《凡爾賽條約》過多考慮戰勝國的利益分配，完全沒有考慮戰敗國自身的利益，加上條約的空前苛刻性和掠奪本質，使得德國國民對強加給他們的條約有極強的抵觸和反感情緒，引發了德國民眾強烈的民族復仇主義情緒。驕傲的日耳曼民族為了擺脫《凡爾賽條約》的桎梏，各派政治勢力、各種政治思想在德國你爭我奪，顯得尤為激烈，這為德國成為一次新的大戰提供了條件。結果德國在希特勒的納粹黨的領導下，發動了第二次世界大戰。

第9章
威瑪共和國：1919～1933年

德國十一月革命

第一次世界大戰耗盡了德國的巨大財富，為應付戰爭所需的龐大經費，它加強了對國內人民的殘酷剝削，並採用軍事統治的辦法，強迫人民為它們的掠奪戰爭賣命。為了防止革命爆發，1918年9月30日德國皇帝宣布實行國會制政府，答應在普魯士改革三級選舉制。10月4日成立了議會制民主政府，自由派巴登親王馬克斯被任命為帝國首相，並邀請社會民主黨的謝德曼參加政府。這些措施並未能阻止革命的爆發。1918年秋季，西線的德軍開始崩潰，戰爭的失敗使德國國內衝突激化。同時在俄國十月革命影響下，國內階級衝突空前尖銳。

1918年10月底，德國海軍司令部命令駐基爾艦隊出海作戰，遭水兵拒絕，許多水兵因之被捕。11月3日，基爾艦隊的水兵為了反對與英國艦隊出海作戰的命令，並要求釋放被捕的水兵，聯合碼頭工人舉行了遊行示威，而且由遊行示威很快發展成了武裝的起義。

11月4日，基爾革命的水兵和工人奪取了基爾的全部政權，揭開十一月革命的序幕。漢堡、不萊梅、來比錫、慕尼黑等地也紛紛起來回應了這次起義，也紛紛奪取了各地的政權。

11月9日，德國首都柏林的工人和士兵也爆發武裝起義，佔領了政府機關、郵電局和火車站，推翻霍亨索倫家族的統治，迫使德皇威廉二世不得不匆匆地逃往荷蘭，武裝的工人和士兵控制首都，斯巴達克派領導人Ｋ·李卜克內西在群眾大會上宣布成立社會主義共和國。

1918年12月，全德聯合第一次代表大會在柏林召開，由於無產階級缺乏獨立的革命政黨的領導以及右派社會民主黨人的背叛，政權重新落入資產階級和貴族地主──德國社會民主黨右翼領導集團手裡，這個集團的領導人Ｆ·亞伯特和Ｐ·謝德曼組成人民全權政府。它沒有觸動舊的國家機構和軍隊，留任大批原來帝國的官員和將軍，竭力設法把群眾運動平息下去，使十一月革命遭到了失敗。

12月16日，在柏林召開全德代表大會。在大會上，右翼社會民主黨人竭力要求恢復和平與秩序，主張召開立憲的國民會議，成立正式政府。斯巴達克同盟的代表提出成立社會主義共和國的口號。大會通過翌年1月召開國民會議的決議，宣布在此以前由亞伯特政府行使國家的全部立法和行政權力。12月29日，斯巴達克同盟召開代表大會，決定立即脫離獨立社會民主黨，成立自己的組織──德國共產黨。30日，德共成立大會在柏林舉行，羅莎·盧森堡作了關於黨綱

問題的報告。大會決定以她起草的《斯巴達克同盟要求什麼》一文作爲黨綱的基礎。

1919年1月5日，爲抗議亞伯特政府免除左翼獨立社會民主黨人擔任的柏林警察總監職務，首都工人舉行盛大示威。翌日，示威發展爲總罷工和武裝起義，參加群眾達50萬。11日，政府軍隊在右翼社會民主黨人Ｇ・諾斯克率領下開進柏林，對工人進行血腥屠殺。15日，德共領袖李卜克內西和羅莎・盧森堡慘遭殺害。2月，政府在威瑪召開國民會議，亞伯特當選德意志共和國第一任總統。

1919年4月13日，巴伐利亞首府慕尼黑的工人群眾在共產黨領導下，舉行起義奪取政權，宣布成立巴伐利亞蘇維埃共和國，遭到鎮壓。5月2日，軍隊佔領慕尼黑。德國十一月革命結束。德國十一月革命的影響都是區域性的。推翻了德國國內的君主專制制度，推翻了君主制，建立了共和國，完成了部分資產階級民主革命任務，推動了德國歷史的發展。

德十一月革命推翻了封建專制制度，促使第一次世界大戰結束，誕生了德國共產黨，同時在南部巴伐利亞建立了蘇維埃共和國，說明德國無產階級把民主革命轉變爲社會主義革命在局部地區曾取得勝利在歷史上具有重要意義。

２　馬克思主義

談到德國共產主義的誕生，一定要先提起共產主義先驅——馬克思。

卡爾・亨利希・馬克思（1818～1883年），馬克思主義的創始人，政治家、哲學家、經濟學家、革命理論家。

馬克思主義是近代最複雜的學說之一。

學說的範圍包括了政治、哲學、經濟、社會等廣泛的領域。而馬克思主義的發展也是複雜的，也因為如此，這世界上存在著許多不一樣版本的解釋和陳述。就如美國近代馬克思主義學家達拉普（Hal Draper）所講：「在人類歷史上，少有學說像馬克思思想一樣，被不一般的人為嚴重扭曲。」除了馬列主義以外，許多派別的學說都認為自派學說為馬克思的正統繼承。如今，其中比較有影響力和主要的陣營包括：托洛茲基主義、史達林主義、西方馬克思主義等等。

馬克思主義在20世紀初到20世紀中葉，借由列寧和布爾什維克黨創立的蘇聯的大力傳播達到了巔峰。在這段期間馬克思主義在當代的解釋似乎受到許多學者的疑問與爭議。隨著蘇聯的勢微與解體，馬克思主義在政治上的影響力也有所減弱。而馬克思主義作為近代最著名也是影響最深遠的哲學理論

之一，其學說仍然活躍在學術界的各領域，學說的精神也不時的被運用在各政府的施政方向。而在21世紀的今天，世界上仍有許多國家和政黨以馬克思主義爲其國家或政黨的意識形態，如古巴、尼泊爾共產黨、賽普勒斯勞動人民進步黨、法國共產黨、西班牙共產黨、葡萄牙共產黨、希臘共產黨等等。

法拉格在回憶馬克思時說：「思考是他無上的樂事，他的整個身體都爲頭腦犧牲了。」

1999年9月，英國廣播公司（BBC）評選「千年第一思想家」，在全球網路上公開徵詢投票1個月，匯集全球投票的結果，馬克思位居第一，愛因斯坦第二。

2005年7月，英國廣播公司以古今最偉大的哲學家爲題，調查了3萬名聽眾，結果是馬克思得票率第一、休謨第二（馬克思以27.93%的得票率榮登榜首，第二位的蘇格蘭哲學家休謨得票率爲12.6%）。以色列總統佩雷斯談到馬克思主義的誕生時，說：「在共產黨的領導人中，有許多的猶太人，包括卡爾·馬克思本人，托洛茲基、基諾維耶夫、加密涅夫、還有蘇維埃俄國的第一任主席斯維爾德洛夫。他們認爲，猶太人之所以受苦受難，那是因爲世界被分裂了，世界在危機中分裂，也因爲不同的國家，不同的宗教分裂。所以我們要創造一個新的世界，沒有階級，沒有神靈，沒有國籍，那樣猶太人就不會再受苦。」

③ 第二提琴手——恩格斯

弗瑞德里希・馮・恩格斯（1820～1895年），德國思想家、哲學家、革命家、馬克思主義的創始人之一。恩格斯是卡爾・馬克思的摯友，被譽為「第二提琴手」。他為馬克思從事學術研究提供了大量經濟上的支援，在馬克思逝世後，將馬克思的大量手稿、遺著整理出版。

1844年9月，恩格斯到訪巴黎，兩人並肩開始了對科學社會主義的研究，並結成了深厚的友誼。馬克思寫了《經濟學哲學手稿》，這份手稿直到1933年才被發現並發表，被稱為《1844年經濟學哲學手稿》。1845年，馬克思參與編寫《前進週刊》，在其中對德國的專制主義進行了尖銳的批評。普魯士政府對此非常不滿，並要求法國政府驅逐馬克思。同年秋，馬克思被法國政府派流氓毆打，驅逐出境，被迫來到比利時布魯塞爾。1845年12月，馬克思宣布脫離普魯士國籍。其後和恩格斯一起完成了《德意志意識形態》。書中批判了黑格爾的辯證法，並對費爾巴哈唯物主義的不徹底性進行了分析，因而第一次有系統地闡述了他們所創立的歷史唯物主義，明確提出無產階級奪取政權的歷史任務，為社會主義由

空想到科學奠定了初步理論基礎。1846年初，馬克思和恩格斯建立布魯塞爾共產主義通訊委員會。1847年，馬克思和恩格斯應邀參加正義者同盟。1847年6月，改組同盟並更名為共產主義者同盟，馬克思和恩格斯起草了同盟的綱領《共產黨宣言》。此後1848年革命席捲歐洲，也波及到比利時。1848年3月，馬克思遭到比利時當局的驅逐。在法國臨時新政府的邀請下，馬克思夫婦回到法國巴黎，恩格斯也抵達巴黎。

1848年4月，在德國無產者的資助下，馬克思和恩格斯一起回到普魯士科隆，創辦了《新萊茵報》。隨後幾乎所有的編輯或遭司法逮捕，或遭驅逐出境。1849年5月16日，馬克思接到普魯士當局的驅逐令。5月19日，用紅色油墨刊印的《新萊茵報》最後一號第301號出版。6月初，馬克思又來到巴黎。他被迫選擇或是被囚禁於法國布列塔尼，或是再次被迫驅逐。8月，馬克思被法國政府驅逐，前往英國倫敦。從普魯士派駐英國的密探報告提到馬克思似乎從不刮鬍鬚來看，馬克思在英國仍被普魯士政府所監視。在倫敦，馬克思度過了一生中最困難的日子。在5年時間裡，馬克思因為經濟和債務問題，精神焦慮，受疾病所苦情緒不佳，4個孩子中的3個死亡。

但在這期間，馬克思寫出了他的最重要著作——《資本論》（第一卷）。馬克思在思想上是富有者，在經濟上卻是嚴貧戶，這位對資本主義經濟有著透徹研究的偉大經濟學家，本身一貧如洗，他的一生幾乎是在貧困潦倒中度過的。馬克思沒有固定的工作，一家人的經濟來源主要靠他極不穩定而又極其微薄的稿費收入，使饑餓和生存問題始終困擾著馬克思一家，差不多把馬克思置於死地。

在顛沛流離的生活中，他常常囊空如洗，衣食無著，在困境的泥沼中掙扎。如果不是恩格斯在經濟上長期無私的援助，馬克思無法從事領導國際無產階級運動和專心理論創作。從1852年2月27日給恩格斯的信中，我們看到這位全世界著名理論家的困境。馬克思寫道：「1個星期以來，我已達到非常痛快的地步：因為外衣進了當舖，我不能再出門；因為無法賒帳，我不能再吃肉。」不久又寫信向恩格斯傾訴：「我的妻子病了，小燕妮病了，琳蘅患有一種神經熱，醫生我過去不能請，現在也不能請，因為沒有買藥的錢。8至10天以來，家裡吃的是麵包和馬鈴薯，今天是否能夠弄到這些，還成問題。」

饑餓貧困和家務瑣事，困擾著馬克思，他心情憤怒煩躁，無法集中精力和智慧進行理論創作。對馬克思的

困境，恩格斯當作是自己的困難。他在給馬克思的信中寫道：「2月初我將給你寄5英鎊，往後你每月都可以收到這個數。即使我因此到新的決算年時負一身債，也沒有關係。……當然，你不要因為我答應每月寄5英鎊就在困難的時候也不再另外向我寫信要錢，因為只要有可能，我一定照辦。」

此時的恩格斯在公司裡只是一個普通的小辦事員，收入也是十分低微的。後來升級，月薪有了提高，從1860年以後，對馬克思的支援增加到了每月10鎊，還常常「另外」給些資助。從1851年至1869年，馬克思總共收到了恩格斯的匯款3,121鎊。對當時的恩格斯來說，這已是傾囊相助了。

正是由於恩格斯的慷慨相助，才使馬克思勉強維持生存，得以長期地一心從事科學著述，為寫作《資本論》進行廣泛深入的經濟學研究。恰如列寧所說：「如果不是恩格斯犧牲自己而不斷給予資助，馬克思不但不能寫成《資本論》，而且勢必會死於貧困。」

對恩格斯的無私奉獻，馬克思非常感動，也十分不安，他在1867年致恩格斯的信中寫道：「坦白地向你說，我的良心經常像被夢魘壓著一樣感到沉重，因為你

的卓越才能主要是爲了我才浪費在經商上，才讓它們荒廢，而且還要分擔我的一切瑣碎的憂患。」這是馬克思的肺腑之言。

對馬克思及其家人生活的關心，恩格斯更是無微不至。馬克思的一生多災磨難，每當馬克思受到了挫折和打擊，思想感情有了悲痛和壓抑，恩格斯總時想辦法進行撫慰，他已成爲馬克思一家躲避生活風雨的港灣，馬克思一到這個港灣，就顯得安靜和快樂多了。貧困和苦難先後奪去了馬克思的4個兒女。

1855年4月，馬克思最喜愛的兒子愛德格爾病逝，這給馬克思沉重的打擊，他感到自己快支持不住了。在致恩格斯的信中馬克思傾訴了無限悲痛的心情：「在這些日子裡，我之所以能忍受這一切可怕的痛苦，是因爲時刻想念著你，想念著你的友誼，時刻希望我們兩人還要在世間共同做一些有意義的事情。」

4 威瑪共和國

　　威瑪憲法共和是德國有史以來第一次走向共和的嘗試，因十一月革命而生，因希特勒與納粹黨在1933年上臺而結束。雖然1919年的共和國憲法在法律上在第二次世界大戰結束前仍然有效，但納粹政府在1933年採取的一體化政策已經徹底破壞了共和國的民主制度，所以威瑪共和國在1933年已經名存實亡。

　　1916年開始，德意志帝國實際上由以保羅‧馮‧興登堡為首的軍事獨裁最高陸軍指揮部（Oberste Heeresleitung；簡稱OHL）所統治。1918年，當德國將會戰敗時，這個第三最高指揮則要求成立一個文官政府，以求與美國總統伍德羅‧威爾遜議和。中立國之一保加利亞在9月已經退出陣營，故此德國難以負隅頑抗。新任德國總理馬克斯‧馮‧巴登在10月3日向威爾遜提出停火協議。10月28日，德國政府修改1871年定下的憲法，讓它實行多年來拒絕接受的議會制。總理以後對議會負責，而非皇帝。然而，將德國轉變為英國式君主立憲制國家的計畫馬上失效，皆因德國漸漸陷入近乎混亂的狀態。大量身心受創德國士兵重返祖國，導致大

量暴力事件發生。甚至連參加被右翼分子刺殺的領導人葬禮之左派勢力都產生混亂，大打出手。

由1918年11月到1919年1月，德國實際上由人民代表議會獨裁地統治。在這3個月之內，新政府出奇地表現積極，發布了大量政令。其活動多數限於幾個範疇，包括8小時工作天、家居勞工改革、農業勞工改革、公務員工會之權利、地方社會福利（分爲國家與聯邦州層面）、國民健康保險、令被遣散工人復工、打擊強行遣散並加入上訴制度、薪金協議的管制，以及在地方和國家層面上實行一切階級的20歲以上人士之普選。有時候，在威瑪時代的德國，宣傳單和海報會以德國社會民主共和國稱呼威瑪政府，但該名字從來不是官方國名。

政府在革命期間審愼制定的政治與社會法例，並不爲工人階級所接受，共和國使這階級民主化與制定社會保障的目標從未實現。有評論指出，問題是基於社民黨在戰前的政壇中缺乏從政經驗。戰爭過後，政府難以解決雙重經濟危機。

威瑪德國的長期經濟危機，原因有以下幾點：德國工業出口量比戰前產量大幅下跌、原物料及食品之產量因阿爾薩斯・洛林、東部部分省份及殖民地之割讓而減

少，以及巨額戰爭賠款與長期負債。雖然政府限制撤軍令失業人數持續達1百萬人，但軍事工業幾乎停止運作。

協約國只容許德國引進少量進口貨，但其價錢並非很多德國人所能負擔。經過4年戰爭與饑寒交迫，德國之境況可謂民不聊生。很多人都對資本主義失望。德國馬克大幅貶值。

威瑪政府的使團在法國簽署了凡爾賽條約，接受割地賠款、削減軍備與軍隊，並承認了極具爭議性的戰爭罪責條款。希特勒後來強烈譴責共和國及其民主性質，反對它接受如此苛刻的條約。

社民黨的弗瑞德里希‧亞伯特是威瑪共和國的首任國家總統。1919年8月11日，亞伯特確認了威瑪憲法，令它在法律上生效。

在左派與右派極端分子的威脅下，共和國甫一開國就危機四伏：左派指責社民黨因阻止共產革命而出賣工人利益；右派則反對民主制度，堅持要令德國返回昔日之帝制。而且，尤其包括軍方勢力的右派為了破壞共和，更聲稱它出賣了德國，令國家在第一次世界大戰中失敗。

1920年3月13日，自由兵團發動卡普政變（Kapp. Lüttwitz Putsch），佔領了柏林並推舉右翼記者沃爾夫岡‧卡普為總理。威瑪政府撤退到斯圖加特，並提倡展開大罷工。罷工令經濟停頓，故此卡普的政府在短短4天之後宣告崩潰。

　　大罷工同時也觸發了在魯爾區發生的共產起義。5萬人組成紅軍，企圖控制該區。在沒有政府的命令之下，正規軍與自由兵團再度鎮壓該行動。1921年3月，在薩克森與漢堡發生的類似事件都被成功鎮壓。

　　1923年，共和政府表示未能應付凡爾賽條約規定之戰爭賠款，並因此拖欠賠款。於是，在1月11日，法國與比利時的軍隊佔領了魯爾區，控制這個全德國最富饒的工業重鎮，並控制當地的礦井與製造業公司。德國政府鼓勵工人以罷工還擊，並沒有主動應付問題。罷工持續8個月，最後只是令經濟更衰落、物價更昂貴。

　　由於政府負責資助罷工工人，故此它需要印製更多鈔票應付，導致惡性通貨膨脹。1923年8月，馬克兌1美元由4.2元跌至1百萬元；在11月20日，價值更跌至4.2兆元。12月1日，威瑪政府推出地產抵押馬克（Rentenmark），以每1新馬克兌換1兆舊馬克。最

後，德國成功繼續支付賠款，而魯爾區則重歸德國。

　　1923年，右派再度威脅共和政府的統治。希特勒在慕尼黑發動啤酒館政變。1920年2月，成立不久的德意志工人黨改爲國家社會主義德意志勞工黨，亦即納粹黨。希特勒在1921年7月29日晉升爲黨魁。1921年11月，衝鋒隊（Sturmabteilung；簡稱SA）成立並作爲希特勒的私人軍隊。1923年11月8日，3千名戰鬥聯盟成員在與埃里希·魯登道夫協議後，與右翼政客古斯塔夫·里特爾·馮·卡爾在慕尼黑一所啤酒館召開會議。雖然卡爾突然表示不支持他們，但希特勒打斷卡爾的演講，並堅持要發動政變。魯登道夫與希特勒宣布成立新政府，並計畫在翌日佔領該城市。但最後失敗。希特勒與該3千人都被捕。希特勒被判監5年，但最後只是坐牢了9個月。此後，希特勒決定以合法途徑登上權力寶座。

第10章
納粹德國與二戰：1933～1945年

1 納粹黨上臺

1919年，希特勒參加了一個默默無聞的黨「德意志工人黨」，並成為該黨主席。他將該黨更名為「民族社會主義德意志工人黨」，簡稱「民社黨」或「國社黨」，按漢語音譯縮寫為「nazi」，因而稱作納粹黨。

納粹黨煽動和民族主義與「社會主義」的欺騙宣傳，散布對民主主義、馬克思主義和猶太人的刻骨仇恨，還竭力宣揚種族優劣論、個人獨裁論和生存空間論，為其侵略擴張和戰爭政策製造理論根據。

納粹黨的成分十分複雜，既有經歷過納粹運動早期風險的亡命之徒、種族主義空談家，也有殷實的資產階級，還有一般店主、職員、工人和農民。納粹黨成立伊始，便培植對領袖的崇拜，編造關於希特勒的神話，貫徹對獨裁者的絕對服從。納粹黨領導人除希特勒外，還有G・施特拉塞、R・赫斯、H・戈林、P・J・戈培爾等。在州、區、鄉設地方和基層組織，統歸全國委員會領導。下轄組織有衝鋒隊、黨衛隊、蓋世太保、外事局、希特勒青年團、納粹婦女聯合會等。宣傳喉舌為《民族觀察家》、《進攻》、《民族社會主義通訊》。

綱領性的讀物爲希特勒的自傳《我的奮鬥》。黨旗上有紅底白圓心、中間是一個黑色卐字的圖案。納粹黨宣稱紅底象徵社會主義，白圓象徵民族主義。黨徽上的卐象徵爭取雅利安人勝利的抗爭的使命。

納粹黨1919年初建立後的頭10年內，一直是個微不足道的小黨，1928年國會選舉僅獲選票2.6％，共81萬張。此後兩三年內，納粹黨迅速發展，1930年成爲國會第二大黨，1932年成爲國會第一大黨。人們不禁要問：爲什麼納粹黨能夠如此迅速地發展，一躍而爲德國最有影響的政治勢力呢？1929～1932年的世界經濟危機，爲納粹運動的發展提供了土壤，愈來愈多的壟斷資本家支援納粹黨。1932年11月，大資產階級和大地主聯名上書威瑪共和國總統興登堡，要求委任希特勒爲總理，並最終於次年1月30日將希特勒推上臺，納粹黨成爲執政黨。希特勒當權後，宣揚泛日耳曼主義，打擊和取締其他政黨，確立納粹黨一黨專政。

納粹黨充分利用1929～1932年經濟危機的影響和小資產階級的憤懣情緒，採取以下幾種手段對廣大城鄉小資產階級分子進行欺騙和拉攏。

納粹黨各級組織的積極分子在競選運動和發展黨員

方面，也起了重要的作用。在很多情況下，他們透過非正規途徑，在酒吧、俱樂部和工作地點當面談話，爭取選票，吸收了很多黨員。其人數和透過參加黨的集會或閱讀宣傳品而入黨的人數一樣多。

1933年之前，納粹黨並未成為執政黨，很難採取直接有利於小資產階級的措施。但是在奪取政權的道路上，它並未忽視這方面的措施。納粹黨利用壟斷資本資助的部分資金，向人們提供一些具體的物質利益。例如，為失業者、復員軍人和無家可歸者建立「食物施捨所」，「提供住房，發放衣服和食品」。這種行動給小資產者和失業者造成一種假象，彷彿希特勒的納粹黨在行動中確實代表他們的利益，使他們認為應同納粹黨一起為了一種共同的事業同舟共濟。

納粹黨的標誌是「卐」字。希特勒親自設計的黨旗為紅底白圓心，中間嵌一個黑色「卐」字。希特勒對他的設計非常滿意，認為「這是一個真正的象徵」。他在《我的奮鬥》一書中說：「紅色象徵我們這個運動的社會意義，白色象徵民族主義思想。卐字象徵爭取雅利安人勝利抗爭的使命。」後來，希特勒還為他的衝鋒隊員和黨員設計了「卐」字臂章和「卐」字錦旗。

可以說，納粹主義萌芽於第一次世界大戰後的德國，是德國內外衝突尖銳的產物。當時的德國面臨承擔戰爭責任和戰爭賠償，以及遷出非德意志人居住地等問題，經濟上陷入困境，民族感情遭受挫折。希特勒等人正是利用了德國民眾對《凡爾賽和約》的仇恨和經濟危機爆發的絕佳時機，將民族主義演變為民族復仇主義，使納粹主義得以形成。德國納粹主義首先把矛頭指向國內的猶太人，宣稱雅利安‧北歐日耳曼人是上蒼賦予了「主宰權力」的種族，而猶太人是劣等民族，應予淘汰和滅絕。反猶主義得逞後，納粹主義又主張世界是弱肉強食、優勝劣汰的叢林，各民族必須在激烈的生存競爭中求勝，實行對外侵略擴張，將全世界引向戰爭和災難。

納粹主義是政治投機者可恥地偷換了社會主義的概念，操縱病態的民族主義，演變成的極端化、惡質化的民族主義。納粹主義自我標榜為「社會主義」，卻與社會主義「解放和發展生產力」的本質背道而馳，主張透過對內獨裁和對外侵略謀求發展，實質是極端野蠻的帝國主義、種族主義和恐怖主義，必會對人類文明造成毀滅性的災難。

希特勒的統治

說起納粹，必須從希特勒說起。希特勒是奧地利一個小職員的兒子，還是一個沒什麼才華的畫家，基本上希特勒一輩子再怎麼努力，都不可能在繪畫事業上出人頭地。希特勒還當過兵，在第一次世界大戰的時候負過傷。第一次世界大戰之後，希特勒曾經是政府密探，也就是秘密警察的基層人員，負責潛入國家社會主義德國工人黨（簡稱納粹），監視其動向。小市民希特勒非常喜歡這個黨，居然加入其中，成為第七號人物，後來成為第一號人物。

希特勒的小市民背景，使得他在一開始就把小市民階層當成自己的骨幹力量，納粹骨幹衝鋒隊，大多從小業主中招募，例如肉舖、麵包店、小職員、小官吏，也就是說納粹是以小市民，或者叫小資產階級為核心、為起家的源頭。小資產階級是當時德國社會一個龐大的階層，用今天的話來說，也許可以稱作中產階級。

中產階級有一個特點，他們缺乏底層群眾的樸實，在思想和行動上表現出華而不實、裝腔作勢，還非常自以為是。他們與真正的思想和理論有一定距離，經常似

是而非把真正的思想理論，功利性地庸俗化。他們對於形式的關注，高過對於實質內容的關注。因此，當希特勒推出納粹黨的軍樂隊，衝鋒隊的漂亮制服，納粹黨醒目的黨徽標誌等一整套形式主義包裝時，立即使小資產階級們興奮不已。應該說，希特勒從一開始就抓住了小資產階級的審美心理。

　　但是，希特勒不僅僅只做了這些。希特勒是一個善於許諾，善於開支票的政治人物。第一次世界大戰後，戰爭賠款壓得德國人喘不過氣，德國普遍處於貧窮蔓延，看不到希望的狀態。希特勒提出要讓每個德國家庭都擁有小汽車，希特勒的這個政策比後來的美國汽車政策要早很多。這個政策受到德國中產階級的積極擁護，希特勒當政時期，德國的賽車活動成為德國人民的重要消遣，希特勒自己也擁有一輛賓士賽車，但是他從來沒有開過。希特勒還許願，要給全體人民帶來豐衣足食的生活，許願收回在第一次世界大戰中失去的德國土地。有時候希特勒的許願也自相矛盾，例如，對市民許願降低房租，對房東許願增加房租；對大百貨公司許願消滅小百貨的競爭，對小店主許願取消大百貨公司的壟斷。希特勒大概是選舉政治中第一個大肆運用許願來拉選票

的政治家，這種風氣延續至今。

雖然納粹也把歌德、萊布尼茲等偉大的德國思想家當成自己的驕傲，但是，對於眞正的思想習慣於一知半解的小市民階層，在眞理面前，往往只是半文盲的狀態。他們憑著對眞理半瓶子醋的功利性解釋，作著井底之蛙的美夢規劃，希特勒成爲小市民階層自高自大惡習的代言人。當希特勒拒絕繼續支付戰爭賠款，而歐洲其他國家也無力制裁他時，希特勒立即成爲德國的英雄。在希特勒的帶領下，當時的德國開始充斥得意忘形的虛假自信，自以爲眞理在握的傲慢心態。

小資產階級特別容易崇拜偶像，從人物的偶像到思想的偶像。希特勒透過民主選舉成爲德國總理之後，立即著手把自己塑造成德國唯一的偶像。納粹宣傳部門曾經拍攝了一部文化教育紀錄片給德國人民觀看，這部紀錄片的名字叫做《德國人的書》。紀錄片的內容是精心製作納粹聖經《我的奮鬥》的完整過程。《我的奮鬥》是希特勒在獄中寫的一本小冊子，內容混亂，充分顯示了希特勒自以爲是的小市民特徵。書中充滿似是而非的眞理，夢囈一般的狂妄。希特勒掌權後，他要把這本內容淺薄的書，在形式上做成永垂千年的經典。

爲了製作這本書，納粹從全德國精選良種小牛，用小牛皮製成牛皮紙，鞣製牛皮的架子都是古董，象徵德國的古老文化。抄寫的筆和墨都是爲這本書特製的，抄寫的字體經幾十個部門討論，指定了一種字體。封面所用的鋼材，由礦工下到最古老的礦井裡，專門採集鐵礦石，然後在專用的爐子裡冶煉，煉成永不生銹的不銹鋼。所有參與此書製作的人員，都必須清查10代血統，不允許有任何一點非雅利安成分。納粹希望這部書能保存至少1千年，因爲第三帝國要維持至少1千年。

　　納粹思想經典形成後，希特勒還要消除與納粹抵觸的一切思想。當時德國所有大學的校園裡都舉行了焚書活動，焚燒的物品包括托爾斯泰、伏爾泰、羅曼·羅蘭、傑克·倫敦、海涅、雷馬克、馬恩列等人的作品，幾乎一切非雅利安人的著作都被付之一炬。除了焚書之外，納粹還關押、殺害或流放各種不同政見者，到後來則演變爲大規模的集中營。

　　樹立經典、清除異端之後，希特勒的另一個重要行動就是給群眾洗腦。日常的灌輸只是一方面，大型群眾集會是希特勒非常善於運用的手段。而且，在這種群眾集會上，希特勒還是有史以來第一個極爲注重形式和儀

式的政治人物。幾乎所有的焚書都在晚上，因為，晚上的火焰能夠形成篝火晚會的狂歡。希特勒經常舉行火炬大遊行，甚至連續幾天。還有化裝大遊行，遊行隊伍充斥各種象徵德國民族文化和納粹文化的彩車。希特勒還酷愛閱兵，閱兵行列中，整齊的正步走，以及領隊像馬步一樣花稍的變形正步，極具表演性，充分顯示了群眾的創造力。在各種各樣的遊行中。還有一個經常出現的場景就是，希特勒為旗手和旗幟「加持」、「開光」，被希特勒撫摸一下，似乎便擁有了無限的力量。

納粹的群眾活動極有特色，即使到今天，人們也會自歎弗如。例如，納粹有一個活動，全體德國人在同一天都到街上喝大鍋湯，每個喝湯的人自願支付零錢，從元首到普通人都一樣。希特勒雖然吃素，但也裝樣子，與民同樂，一起喝大鍋湯，喝湯的現場還有軍樂隊伴奏。街上掛著大字橫幅：「同喝一鍋湯」。街上擺滿長條桌，每個喝湯的人，都以此證明自己思想純正，與元首同心。喝大鍋湯成為全民節日。

納粹創造了很多至今依然被沿用的大型群眾集會的手段，例如奧運會的火炬就是由納粹首創。運動場看臺上、場地上，用大量的人群組成各種文字和圖形，也是

納粹的創造。還有大型群眾集會上類似宗教性質的、貌似莊嚴的儀式。還有個人和集體的宣誓。納粹經常組織不同職業的人群分門別類地舉辦集體宣誓活動。例如，納粹黨員、普通士兵、護士、學生、郵電職工、鐵路職工等等。宣誓的手勢與向《聖經》宣誓的手勢是一樣的，而且是全國統一的。納粹黨員的誓詞如下：「我宣誓忠於阿道夫・希特勒本人，也忠於他委任的上級，無條件地執行上級的一切命令。」

在納粹統治下的德國，人們根本沒有自己的生活空間，一切都在集體活動之中，連孩子也一樣。軍裝和制服成為德國人的統一服裝，科學院、農業部的領導和工作人員都是身著軍裝。

納粹利用一切方式塑造希特勒的高大形象。「希特勒萬歲」成為全民日常的口號。小學生學習的第一句話也是「希特勒萬歲」，第二句話是：「衝鋒隊員大步前進，我們向黨旗敬禮。」藝術展裡大多是希特勒和納粹高官的畫像，這些畫像是各種想像的結晶，各種場景，希特勒的形象無比高大，莊嚴。國家圖書展上，除了納粹宣傳部長戈培爾的書，就是關於希特勒的書。這些書的作者都由戈培爾的宣傳部培訓，接受納粹的資助，在

德國各地體驗生活，爲元首歌功頌德，爲納粹描金畫彩。戈培爾的宣傳部告訴作家們該寫什麼、怎麼寫。這些著作以及其他文藝活動，都有納粹宣傳部審查，被宣傳部審批通過的，就會成爲樣板，向全國人民傳播。

必須說明的是，納粹標準的敬禮姿勢並不是德國人的發明，而是來自法西斯的發源地，義大利的墨索里尼。墨索里尼也是一個不學無術、自以爲是、狂妄傲慢的人，歷史和思想都被他作了極端功利主義的改造。對於墨索里尼來說，眞相無關緊要，目的才重要。爲了目的，所有的歷史和思想都可以隨意改造。墨索里尼還是梵蒂岡的恩人，目的是要獲得教會的支持，教會當時也確實發自內心地對墨索里尼歌功頌德。墨索里尼還創造了現代政治家親民活動的傳統。他到勞動者中間去，和他們一起墾地，光著膀子開牽引機。但是，墨索里尼實幹苦幹的眞實勞動，到了希特勒那裡，就變成開工、落成典禮的裝裝樣子。希特勒和他的主要助手經常參加各種公共工程的開工典禮，例如高速公路建設，希特勒、戈林等人會鏟上事先準備好的第一鏟土。

納粹經常性地讓政治領袖參與大型群眾集會，達到了一個重要的目的：渺小的個人在一個集體的共同目標

上，獲得了個人歷史價值的肯定，小人物借此擁有了創造歷史的神聖感和莊嚴感，小人物終於有機會參與和感受偉大的事業。個人的思考很累，容易茫然而找不到方向，大型群眾集會則讓人們把思考的責任統統交給希特勒，以統一的思想代替自己的思想。因此，納粹的宣傳口號說：「你什麼也不是，你的人民才是一切。」希特勒要求全體德國人接受這樣一個觀點：單個的人一錢不值，只有群眾才是真正的力量。

希特勒大言不慚地把自己塑造成個人奮鬥成功的典型，這個典型很容易激起人們的崇拜。希特勒說他從不依靠知識分子，他只依靠工人農民群眾。但是，希特勒又是如何對待群眾的呢？希特勒說：「對待群眾，要像對待女人一般，因為女人心甘情願屈從於力量，因此無需考慮群眾的理智，只要打動他們最原始的感情。」希特勒還說：「群眾是守舊和懶惰的，他們不喜歡看書，也不喜歡思考，他們應該看見自己前面有一個敵人，應該只知道一個上帝。」「有必要讓群眾感到怕得發抖。」為群眾樹立一個權威，一個敵人，同時讓群眾相信自己走在永遠正確的道路上，這種手法在今天也依然能看到。例如，美國當今新保守主義的理論和做法，幾

乎就是納粹這種手段的翻版。

那麼，希特勒所謂的「一個上帝」又是什麼呢？希特勒說：「我就是黨。」「我也覺得自己是黨的一部分，所以黨也是我的一部分。」「如果我死了，我的精神永存。」「黨只能有一個領袖，絕對不能有兩個領袖。」於是，納粹法律部門規定，熱愛元首是法律概念，不愛元首屬於刑事犯罪。

為了塑造希特勒的形象，納粹將希特勒與德國歷史上的民族英雄、民族神話掛勾，甚至還與神秘主義攀親。5百年前，法國出現了一個神秘主義者諾查丹瑪斯，他生前寫了1千首預言詩。其中有一首詩被後人解釋為，預言了希特勒的崛起。於是，諾查丹瑪斯的神秘主義被納粹宣傳部長戈培爾大加利用，不光以此證明希特勒的神性，還將此書印成小冊子，投放到英國，試圖瓦解英國人的反抗意志。納粹塑造的對於希特勒的偶像崇拜，使得希特勒的動作也成為納粹黨徒爭相仿效的對象。

納粹的造神運動取得了明顯的成效。在希特勒生日的時候，一位普通人寫了這樣一首詩獻給希特勒：

你在哪裡，哪裡的人們心跳就更加有力。

你在哪裡，哪裡的德國人民工作就更加順利。

你在哪裡，哪裡的德國兒童就幸福甜蜜。

我們向你獻上我們的心，你是領袖，你是德國的救星。

你是希望，你是忠誠。

你是信仰，你是愛的化身。

我全心全意熱愛你，我願意屬於你。

我願意成為忠誠勇敢的士兵，每時每刻都為你服役。

　　納粹宣傳部長戈培爾有一句名言：「謊言重複一千遍就是真理。」他所領導的納粹宣傳機構確實就是這麼做的。在納粹宣傳機器的大力宣傳下，希特勒成為永遠正確的完人，成為德國的希望和救星，成為愛的化身和智慧的結晶。於是，希特勒說的話都成為真理。希特勒說，德意志民族是天生的統治民族，德意志的使命就是統治全世界。希特勒還說，大部分劣等民族都應該被消滅，允許活來下的劣等民族，也不必教他們讀書識字。納粹的標語寫道：「德國高於一切」，「德國凌駕一切」。這些觀念終於都被民眾無條件地接受。一個領袖，一個政黨，一個國家的觀念，牢牢佔據了每個德國人的頭腦。工業化、科學化對秩序、邏輯的強烈愛好，在希特勒身上獲得充分的展現。每一個普通人，也就這樣，經過徹底的洗腦，變成真正的法西斯分子，變成殺

人不眨眼的劊子手。

希特勒掌權時期，還經常給各階層民眾提供渡假、旅遊之類的休閒活動，其中的一個專案就是參觀華沙的猶太人社區。今天我們依然很難想像，一個正常人，如何能夠親眼目睹猶太人的悲慘生活而無動於衷，甚至還興高采烈。我們同樣很難想像，要經過怎樣的洗腦，才能讓一個普通人把妻子兒女的照片，與被殺害的「劣等民族」的照片，一起放在胸前的口袋裡以示紀念。

當然，納粹也並不僅僅是給人民徹底洗腦，他們也給德國人提供了很多實惠。除了上面提到的，他們還搶劫各個被佔領國的物資，爲德國人改善生活。他們還把大量的「劣等民族」當作廉價勞動力，爲德國人生產工業產品。他們還搶劫被佔領國和人民的大量財富，成爲德國人的享受源泉。

納粹還給全體德國人提供了有條件的性自由。納粹規定，所有血統純正的德國女子，如果沒有生足4個孩子，一律要與血統純正的人繼續發生關係並懷胎，至於這個男人是否已婚，則不受影響。已經生了4個孩子的家庭，應該把男人獻出來，幫著執行這項措施，免得擁有高貴血統的德國男人在無謂的性生活中浪費寶貴的精

子。希特勒說，要派精選的部隊，到某些血統不純的地方去改良人種。希特勒將其稱為高產繁育良種兒童的特種工作，他說，100年以後，黨衛軍在這個工作上會留下豐厚的遺產。這種性自由、性解放只有一個限制，就是血統和種族。德國軍隊休假的士兵都會領到一件特殊物品——搖籃，還有一份證書：如果女人懷孕，那是愛國行動。德國士兵憑著這份證書，可以隨意與雅利安血統的女性發生性關係。黨衛軍首領希姆萊還頒布了一條命令：任何年輕女性都不能拒絕獻身給士兵。

納粹的這種政策，似乎比日本的慰安婦要「高明」一些。隨意性交，成為德國士兵的法定權利，而不像日本士兵，固定與慰安婦性交，除了發洩，沒有其他實際效果。德國給予士兵的性自由，加上女性被灌輸的性解放，使得當時的德國出現一大批「光榮」的未婚母親，官方對此表示鼓勵和獎勵。這些父親不明的、純正血統的兒童，被稱為「獻給元首的禮物」，成為雅利安種族擴張的源頭。納粹的這一政策，甚至延續到納粹覆滅之後。納粹滅亡後，關於納粹複製、培養小希特勒的話題長期流傳，西方出現很多部以此為題材的電影。西班牙一位色情電影大師，拍攝了幾部納粹軍隊荒淫無恥的色

情電影，應該說，這些電影並不是虛構，而是真實的。

關於納粹的性自由，有必要提到的是，納粹集中營中，還關押著一類人，那就是同性戀。納粹對同性戀深惡痛絕，因為同性戀是浪費，不能創造優秀的雅利安兒童。因此，即便是純種的德國人，如果是同性戀，同樣會被納粹送進集中營。但是，有一點需要指出，納粹滅亡後，幾乎所有受到納粹迫害的人都獲得不同形式的賠償，唯獨被納粹關押的同性戀，至今都沒有獲得過賠償。

希特勒納粹德國的統治，就是針對公眾的造神運動和大規模洗腦，如果洗腦不成，就採取肉體消滅。納粹的種種手段，沒有任何跡象顯示來自於東方社會。希特勒也自認為他直接繼承自古希臘、古羅馬的光榮傳統。東方專制主義的特點之一是害怕群眾，不讓群眾聯合起來。而希特勒把發動群眾和利用群眾發揮到史無前例的地步，面對群眾口若懸河的演說家，確實來自於古希臘、古羅馬的傳統。

③ 第三帝國

　　1934年總統興登堡死後，希特勒得以集總統和總理的大權於一身，廢止共和國，改稱德意志第三帝國（Das dritte Reich），自稱國家「元首」。他解散國會，取締納粹黨以外的其他一切政黨，迫害和屠殺共產黨人、進步人士和猶太人，實行法西斯獨裁專政。

　　第三帝國是以阿道夫・希特勒為國家元首的德意志帝國的非正式稱呼。其他非正式稱呼還有納粹德國、法西斯德國等。1933年9月1日，希特勒在紐倫堡召開的納粹黨代表大會上首度使用這一稱呼比喻納粹統治下的德國，認為這一時期的德國是中世紀的神聖羅馬帝國（第一帝國）和普、法戰爭後以普魯士為中心的德意志帝國（第二帝國）的繼承人，故稱他建立的「新德國」為第三帝國。1939年7月10日，正式廢棄使用「第三帝國」的稱呼。

　　德意志民族彷彿天生就是為了戰爭而生的，面積不過幾十萬平方公里，人口也僅僅只有8千餘萬，但卻締造了一個空前強盛的帝國，那就是由希特勒元首親手締造的德意志第三帝國。第三帝國成立於1933年，滅亡於1945年5月。儘管只存在了短短12年的時間，但是卻是人類軍事史

上的一段奇蹟。短短12年的時間裡，德國出了無數的戰略家、軍事家、優秀的前線指揮官，乃至優秀的戰士及王牌飛行員。首先發明了一系列當時最為尖端的武器。諸如噴氣式飛機、V1巡航導彈、V2彈道導彈、精確制導炸彈、自動步槍，遠洋潛艇等，還有一大批當時世界上最為先進的坦克裝甲車，諸如豹式中型坦克、虎式重型坦克等。短短12年的第三帝國卻綻放出最為美麗的生命歷程。可以說德意志第三帝國是人類歷史上最強大的軍事帝國，沒有一個國家可以在一對一的情形下打敗第三帝國。但是，這其中隱藏著巨大的隱患──法西斯恐怖主義。希特勒進一步獨攬陸、海、空三軍指揮權，擔任德國武裝部隊最高統帥。他實行法西斯式恐怖專政，仇視且排斥其他非納粹政黨和思想，建立的第一個集中營即為關押共產黨之用，他還鼓吹民族優越，仇視其他民族。在國內建立衝鋒隊、黨衛軍、蓋世太保等獨立於國防軍外的納粹軍事組織。實行種族滅絕政策，在希特勒的領導下的第三帝國期間，德國以及其佔領國領土上大量建造死亡集中營，猶太人以及其他人種的遭到了大屠殺。

　　既然提到第三帝國，就不得不回憶一下德國歷史上出現的第一帝國和第二帝國。

第一帝國是指西元962～1806年的神聖羅馬帝國。人們習慣上以西元911年作爲東法蘭克帝國向得意志帝國轉變的開始，在這一年，法蘭克公爵康拉德一世被選爲國王，他算是第一位德意志國王。西元962年，德意志國王奧托一世在羅馬由教宗加冕稱帝，稱爲「羅馬皇帝」，德意志王國便稱爲「德意志民族神聖羅馬帝國」，這便是古德意志帝國，或稱爲第一帝國。1806年，帝國被拿破崙一世推翻。

　　第二帝國是指1871～1918年的德意志帝國，它是普魯士經過三次王朝戰爭統一起來的。1870年在普、法戰爭中，普魯士擊敗法國，1871年1月18日普魯士國王威廉一世在法國凡爾賽宮加冕爲德意志皇帝。

　　第二帝國的壽命很短，僅存在了47年。1914年開始的第一次世界大戰以德國的失敗和第二帝國的瓦解而告終。戰爭也導致德國第一次建立了聯邦共和國。由於共和國憲法是在威瑪城召開的國民議會上通過的，一般稱之爲《威瑪憲法》，因此這個共和國又稱爲威瑪共和國。1933年1月30日，以希特勒爲首的德國國家社會主義工人黨（即納粹黨）上臺執政，建立了法西斯獨裁統治，宣告了威瑪共和國的終結。

第二次世界大戰

　　第二次世界大戰（簡稱二戰），是一場1939年至1945年，以德國、義大利、日本法西斯等軸心國為一方，以反法西斯同盟和全世界反法西斯力量為另一方進行的一次全球規模的戰爭。先後有61個國家和地區、20億以上的人口被捲入戰爭，作戰區域超過2,200萬平方公里。戰爭期間，超過1億人被動員參戰，主要參戰國幾乎將自身的所有力量投入戰爭，最終以反法西斯同盟的勝利而告。在戰爭中，納粹對猶太人的大屠殺，日軍對平民及戰俘的屠殺等種種戰爭罪行，使得7千萬人死於這場戰爭。二戰極大的改變了世界政治版圖，直接導致了聯合國的成立，確立了戰後美、蘇對立的冷戰格局。

　　儘管阿道夫・希特勒曾在1923年時發起一場以失敗告結的政變嘗試推翻德國政府，他仍然成功地於1933年透過合法選舉成為德國總理。他宣布廢除民主制度，同時借由民族主義的風潮提出要重新修正世界秩序，並很快便開始大規模地重整軍備。與此同時法國為了確保義大利仍然與其同一陣線，允許義大利將衣索比亞列為自己的殖民地。然而在希特勒的主導下，德國於1935年

再度合併原本作為德國領土的薩爾盆地地區，而在獲得
民意支援的情況下德國隨後推翻《凡爾賽條約》且加速
重整軍備的計畫，甚至以大規模徵兵的方式擴充部隊兵
力，而這些強調國家主權的舉動也更加加深了德國社會
對於希特勒的聲望。

　　為了能夠抗衡德國不斷發展，英國、法國和義大利
決定成立斯特雷薩陣線（Stresa Front）。另外蘇聯也
懷疑德國的目標也包括佔領東歐的廣大領土，為此蘇聯
與法國也簽署《法、蘇互助條約》；然而儘管《法、蘇
互助條約》已經簽署，該協議仍然堅持必須要經過國際
聯盟的討論才能針對入侵行為有所因應，這使得這一條
約基本上並無威嚇力。而在1935年6月，英國甚至與德
國簽署了《英、德海軍協定》，更加緩和了先前《凡爾
賽條約》的部分限制。而美國則於同年8月通過了中立
法案，表示不會干涉美洲以外的國際事務。這也促使義
大利於同年10月時入侵衣索比亞，德國是少數願意表態
支持義大利入侵舉動的歐洲國家，這也使得義大利在稍
後德國吞併奧地利並未表示反對。

　　儘管1936年3月希特勒不顧《凡爾賽條約》和《羅
加諾公約》而進駐萊茵蘭，但是其他歐洲列強對於此事

並未多加干涉。同年7月時西班牙內戰爆發，希特勒和墨索里尼公開支持主張法西斯獨裁的佛朗哥部隊和蘇聯支持的西班牙第二共和國軍隊交戰，這次雙方衝突也成了德國和義大利測試新型武器與作戰方式的地方，最終佛朗哥部隊於1939年初成功贏得內戰。1936年10月，德國和義大利組成了柏林·羅馬軸心。1個月後德國和日本簽署了《反共產國際協定》，義大利則在隔年也加入其中。這時中國也發生了西安事變後，國民黨和共產黨軍隊同意停火並組織統一戰線來反對日本入侵。

1938年9月30日，英、法與德、義召開慕尼黑會議，英、法為了自己的利益，出賣捷克斯洛伐克，簽訂了《關於捷克斯洛伐克割讓蘇台德領土給德國的協定》，1939年8月23日蘇聯與納粹德國在莫斯科簽訂的一份秘密協議《蘇、德互不侵犯條約》，1939年9月1日04：40，德軍的軍隊入侵波蘭。英國和法國給予納粹德國48小時限期撤出波蘭領土。因為德國沒有理會英、法的警告，英國和法國在1939年9月3日向德國宣戰，二戰從此爆發。

對於德國來說，二戰最重要的就是蘇、德戰場。1941年6月22日，德國集結前所未有的巨大兵力，包括其僕從國在內的190個師，3,712輛坦克，7,184門火砲，60萬輛運輸

車和4,950架飛機，共計550萬人，發動對蘇聯的突然襲擊，該軍事行動代號為「巴巴羅薩」，蘇、德戰爭開始了。

雖然一開始德國人打得極其順利，但巴巴羅薩計畫本身就存在著重大的漏洞，其中最嚴重的缺陷是其後勤補給。蘇聯廣袤的土地意味著如果德軍行動過快，後勤補給將無法及時跟上。所以儘管1941年11月初，克里姆林宮已遙遙在望，蘇聯政府和外國使館已遷往莫斯科以東800公里的古比雪夫（今薩馬拉），但11月7日史達林依然如往年一樣在紅場進行十月革命節閱兵，受閱部隊剛剛接受完檢閱即被投入戰場，到1941年12月5日德國人的攻勢被遏止時，他們的後勤補給線已經達到極限，再加上戰線後方蘇聯游擊隊的不斷破壞，前線部隊的進攻已經難以維繼，德軍不可戰勝的神話就此粉碎。巴巴羅薩計畫最初制訂時認為蘇聯紅軍會在冬天來臨之前就崩潰，但真實情況是蘇聯部隊始終能夠組織有效抵抗。這一錯誤的估計嚴重影響了德國人的計畫。另外，蘇聯人在撤退時採取了焦土政策，他們堅壁清野，令德國人的後勤問題更為突出。當冬天來臨時，大量德國士兵因蘇聯嚴寒的冬天和蘇聯的反攻而死亡。

　　史達林格勒戰役之後，德軍漸漸喪失戰場的主動權，但蘇聯人也因為戰爭損耗太大而沒有形成有效的進攻力量。1943年開始，蘇軍在戰場上逐漸轉入反攻。1943年夏天，蘇、德雙方的軍隊集結於庫爾斯克突出部，德軍由曼施坦因將軍領導下準備發動大規模的攻勢，庫爾斯克戰役打響。庫爾斯克戰役是德軍在東線的最後一次大規模攻勢，也是歷史上最大規模的坦克戰役。由於蘇聯方面事先獲得了情報，為庫爾斯克突出部的防禦制訂了一個大規模計畫。在他們的抵抗之下，德軍裝甲部隊最多只前進了17英里。在該場戰役以蘇軍的勝利結束後，紅軍就始終控制著戰爭的主導權，發動了一系列猛烈的攻勢（蘇聯歷史上稱為十次突擊），直到1945年5月2日佔領柏林。

　　1945年5月8日，蘇聯和波蘭部隊攻克柏林和德國無條件投降，簽署投降書；美國分別在日本的廣島（8月6日）和長崎（8月9日）投下了兩顆原子彈。日本帝國在8月15日正式宣布投降，並於1945年9月2日簽署投降書。

　　至此，第二次世界大戰結束。

爲何迫害猶太人

　　20世紀30年代爆發了一場人類歷史上規模空前的戰爭——第二次世界大戰。這場戰爭的發動者之一希特勒，在二戰期間瘋狂迫害猶太人，實行種族滅絕政策，慘遭屠殺的猶太人多達6百萬！那麼希特勒爲什麼要如此仇視猶太人？他屠殺猶太人的眞正原因又是什麼呢？

　　首先，歷史原因。猶太人遠祖是古代閃族的支脈希伯萊人，西元前，他們的祖先曾聚居生活在阿拉伯巴勒斯坦土地上。西元1世紀，羅馬帝國攻佔巴勒斯坦後，猶太人舉行過多次大規模反抗羅馬統治者的起義，但都慘遭失敗。至西元135年猶太人的起義才稍平息。在這1百多年裡，羅馬統治者屠殺了百萬猶太人，最後把剩餘的猶太人趕出巴勒斯坦，使他們流散到西歐。猶太人逃亡西歐後，當地封建主非常歧視他們，不許他們佔有土地，因爲當時土地被視爲最珍貴的財富，所以只許他們經營商業。就這樣特殊的歷史環境鑄就了猶太人聰明、堅強的特性，並且逐漸富有起來。可是到了近代，歐洲逐漸進入資本主義社會，當地新興的資產階級與猶太人又產生了利益衝突，噩運再次降臨到猶太人頭上。大批

猶太人被迫再次流浪到美洲和東歐。這就是猶太人歷史
上的第二次逃亡。這就體現了猶太人長期不能融入歐
洲，歐洲人反猶思想也一直延續下來，而希特勒就是其
中典型代表。

其次，宗教原因。在歐洲——特別是西歐，人們普
遍信仰基督教。基督教稱出賣耶穌的人是猶太人即猶大
的後代，是猶太人將耶穌釘死在十字架上，這就造成了
基督徒們在情感上對猶太人的仇視。所以信奉基督教
的歐洲人在宗教感情上很難接納猶太人。同時基督教所
信奉的神是單一的，並認為基督教是全世界的宗教，他
們有責任把基督教傳播到世界其他地方，歷史上著名的
「十字軍東征」就充分說明了這一點。而猶太人不信仰
耶穌，他們信仰猶太教，這樣更造成歐洲人排猶情緒。
這種情緒在後來被希特勒加以利用，成為迫害猶太人的
思想根源。

再次，現實的需要。20世紀30年代爆發了世界性經
濟危機這使德國經濟遭受重創，同時激化了國內階級衝
突。德國壟斷資產階級希望透過對外擴張，轉嫁國內衝
突，並獲得更廣闊的生存空間，稱霸世界。當時猶太人
在歐洲十分富有，希特勒等納粹分子利用歐洲人傳統的

反猶情緒加以渲染，宣稱猶太人是罪惡的民族，劣等民族，就這樣把矛頭對準了猶太人，給所有的社會問題提供了一個發洩轉嫁的管道，並借此大量掠奪猶太人的財產，為稱霸世界打下了經濟基礎。同時，反馬克思主義是希特勒反猶的又一政治原因。希特勒把馬克思主義視為洪水猛獸，在《我的奮鬥》一書中，希特勒認為猶太人利用馬克思主義把民族劃分為階級，搞階級鬥爭，因此若不「肅清馬克思主義」，德國就不能重新崛起。巧合的是馬克思也是猶太人。

最後，希特勒的個人因素。希特勒早年流浪於維也納和慕尼黑，缺乏良好的教育，鑄就了自私、狂妄的性格。脾氣暴躁是他的性格典型，這就造成了他的狠毒和殘忍。希特勒是一個嚴重心理變態的政治狂人。

任何歷史事件都是多種因素合力的結果，也就是人們常說的「多因一果」。一方面希特勒瘋狂反猶的變態心理來自於歷史成見、宗教情節和現實原因；另一方面這三大原因有把希特勒瘋狂變態心理推向了頂峰，因而引發了一場人類歷史的悲劇。

6 希特勒之死

　　隨著1942年11月～1943年2月德軍在史達林格勒遭到慘敗而開始節節敗退，蘇聯則從1943年德軍「衛城"行動（即庫爾斯克戰役）失敗後開始轉入戰略大反擊。儘管如此，希特勒還是宣布「將不惜任何代價將這場戰爭進行下去」。1944年底，盟軍已攻入德國境內。希特勒的敗局已定，這時他已從公共場合消失，人們再也見不到他的演講。1944年7月20日，希特勒在逃過「狼穴」炸彈暗殺後，又回到柏林，住進總理府下面的地下避彈室中，並在戈培爾等幾個親信和情婦伊娃・布勞恩的陪伴下，在充斥著絕望和幻想的陰森恐怖的氣氛中指揮戰爭，躲在地下室中。

　　1945年4月12日，美國總統羅斯福逝世。希特勒得知此消息後，聯想到了普魯士國王腓特烈大帝在七年戰爭中的絕處逢生，頓然又生出戰爭會出現轉折的希望，而且這種充滿希望的氣氛一直持續至4月20日希特勒的生日那天。4月22日，柏林已被蘇聯紅軍包圍了3/4，這時希特勒才大夢初醒。他悲鳴道：「戰爭打敗了……。我將留在柏林，只要時刻一到，我就用手槍結束我的生命。」但同時他也痛罵國人：「武裝部隊拋棄了我，我的將軍們全是草包，我的命令沒有得到執行，一切全都完了……。德國沒能完成我給整個民族提出的

任務。」4月27日，整個柏林完全被蘇軍包圍起來。4月28日，希特勒的戰時盟友義大利的墨索里尼被游擊隊抓獲槍決。

1945年4月28日午夜前不久，希特勒和他的情婦伊娃‧布勞恩正式結爲夫婦，接受洗禮。4月29日，蘇聯坦克向火車站附近的動物園推進。4月30日，蘇軍經過激戰，終於攻佔了國會大廈。此時希特勒的總理府已在砲火的射程之內。下午3點30分，希特勒回到地下室的避彈房間，飲彈自盡。

納粹元首希特勒1945年4月30日已在柏林地堡中自殺身亡，可是他「死」後卻傳出各種各樣的說法。例如美軍解密檔案顯示，希特勒在地堡自殺是蘇聯紅軍的對外說法，其實連史達林本人都不相信希特勒已經死亡，後來成了美國總統的艾森豪將軍也對希特勒之死抱持懷疑態度。

還有在戰後成爲廢墟的柏林街上，市民悄悄的流傳著「元首還活著」，並且佔領了柏林的美、英軍隊投入了數十名搜索人員，花了半年時間去搜索希特勒的蹤跡，卻沒有什麼結果。爲何要搜索呢？希特勒不是早已經自殺不是被回收、確認了嗎？不，那具遺體存在巨大疑點！希特勒的屍體是故意被燒得面目全非，足足用了20公升的汽油，遺體被燒得難以辨認，好像有什麼人要掩飾希特勒的眞實情況。可是爲什麼要這樣做呢？是誰要這樣撲朔迷離？

　　事實上，第二次世界大戰結束後，美軍接到過世界各地多處發現「希特勒魔蹤」的報告，一份目擊報告稱，有人看到希特勒像隱士一樣生活在義大利北部加達湖畔的一個洞穴裡，還有人曾看到希特勒生活在瑞士的阿爾卑斯山，結果美軍調查發現，那只不過是一個和希特勒長得驚人相似的牧羊人而已。還有目擊報告稱希特勒生活在法國格勒諾布爾市，或生活在瑞士聖加倫市，有的稱在愛爾蘭發現過他的蹤影，還有說法稱希特勒逃到了南極，另一份報告稱希特勒隱藏在瑞士蘇黎士，已經成了一個白髮蒼蒼的老翁。但最多人相信的一種說法是，希特勒搭潛水艇逃到了南美，因為當時許多南美國家，包括阿根廷都擁有大量納粹同情者。

　　根據當前的文獻記載，當初希特勒死亡時，對自己忠心耿耿的部下們說：「我決心死亡，目前有幾個小隊將要突圍，你們各自加入一個小組逃走吧！」說完轉身進了屋子，接著，聽見屋內發出了震耳欲聾的聲音。打開門後發現希特勒已經死掉了，而他的妻子中毒而亡，他的部下將他的遺體按照他的遺願將他埋葬到了後花園。後來紅軍攻下了城，發現了已經死亡的希特勒，後來將希特勒放到了一個廢棄的地方，用了20公升汽油將希特勒的遺體燒掉，但是，從當前的情況來看，希特勒當初到底死了沒還是一個世界未解之謎。

第11章
1945年後：鳳凰涅槃

1 再次被分裂的德國

第二次世界大戰後，德國作為戰敗國，被當時國際兩大陣營的老大——美國和前蘇聯接管，從中修起一面柏林圍牆，把德國分成了東德和西德，美國控制的是西德。不過90年以後柏林圍牆被推倒，東德、西德又合併，於是成為現在的德國。

雖然合併，但是東西德經濟差距還是不小，每年前西德要補助給前東德500億歐元左右的資金。

1945年5月8日，希特勒無條件投降。根據《克里米亞聲明》和《波茨坦協定》規定，戰敗的德國應該成為一個統一、獨立、愛好和平與民主的國家，在這樣的國家沒有出現以前，德國暫由蘇聯、美國、英國和法國4國分區佔領，首都柏林也由4國分區管制。

由於東西方盟國的立場、目的和利益不同，對各項協議都做了有利於自己的解釋，就德國的統一和柏林問題等，4國及其佔領區的各派政治力量展開了激烈複雜的鬥爭。1948年6月，美、英、法3國佔領區合併，並於1949年5月23日單獨成立了德意志聯邦共和國，簡稱聯邦德國或西德，9月20日艾德諾組成第一屆聯邦政府；同年10月7

日，蘇聯佔領區也宣告成立了德意志民主共和國，簡稱民主德國或東德。自此，統一的德意志國家一分爲二，在世界舞臺上同時出現兩個德國。兩個德國均是主權國家，都獲得了許多國家的承認，並與之建立了外交關係；1973年又同時被接納爲聯合國的成員國；雙方又都參加了不同性質的軍事、政治、經濟集團，並於1972年簽訂了《關係基礎條約》，各自承認對方爲主權國家，相互建立正常的睦鄰關係，互設常駐代表機構；兩國領導人進行互訪，就兩國關係和國際問題交換意見。兩個德國要不要統一，在什麼基礎上實現統一，應由兩國人民自己決定。

柏林原稱「大柏林市」，第二次世界大戰前爲德國的首都。戰後，根據有關國際協定，柏林與整個德國一樣被蘇、美、英、法4國分區佔領，初期還設有統一的反法西斯市政府。1948年，美、英、法佔領區合併，成立了「三聯佔區」；同年，蘇聯佔領的東部地區成立了大柏林臨時民主政府；1949年，西方3國又在西部搞市議會選舉，組成西柏林市政府。至此，一個完整的柏林分裂成東、西柏林兩部分。西柏林座落在民主德國境內，成了「孤島城市」；東柏林爲德意志民主共和國首都。

西柏林面積爲480平方公里，佔整個柏林的54％，1981

年有人口190萬,是全柏林人口的62%。西柏林是一個不獨立的特殊政治單位。它不在聯邦德國境內,最近距離也有180公里。它與西德的交通聯繫有航空線3條(稱為空中走廊)、鐵路3條、公路3條和2條水路。它雖然在司法、經濟、財政、貨幣和社會制度等方面與聯邦德國一體化,西德在國際組織和國際會議中可代表西柏林的利益,但不是西德的組成部分;儘管它也成立了市政府,但仍處於西方3國軍事佔領之下,美、英、法3國還是西柏林的最高當局。4國的軍事車輛仍可以在整個柏林市巡邏。

由於蘇、美、英、法4國,及2個德國的立場、利益不同,東西方就有關西柏林的主權及其重大問題展開了激烈鬥爭,兩個柏林也與兩個德國一樣在60年代初以前關係非常緊張,特別是1961年8月民主德國在西柏林周圍修築「柏林圍牆」後,柏林的緊張局勢達到了頂峰。後來隨著兩個德國關係的不斷改善,特別是1971年9月4國簽訂了「四方協定」後,柏林局勢有所緩和。但由於各方對關協定條文均作有利於自己的解釋,因此,雙方圍繞柏林的地位等問題仍不時發生爭執。

分裂還只是表象,二戰之後,德國最慘澹的是人民的生活狀況。戰後的德國國民生產總值不到戰前的一半,各大

城鄉居民面對的是堆積如山、多達數億立方公尺的瓦礫和廢墟，劫後餘生的人們面臨的首要問題是生存。婦女們擔負起克服物資短缺以及清理廢墟垃圾的重擔，因爲男人大多命喪疆場，倖存的德軍半數以上被關押在戰俘營。在交通運輸正常時，德國人每天最多分到1,500卡路里熱量的食品。美軍一開始把自己的麵粉拿出來給德國老百姓，很快大批救援物資被源源運來。在這一過程中，西德地區的德國人開始將美、英軍隊視爲解放者而非佔領軍。但食物仍然很缺乏。

交通的癱瘓，使本來就營養不良的老百姓更加痛苦。魯爾工業區等地的食品定量每人每天開始不到1,000卡路里，而維持生存所必需的最低量爲2,000卡路里。

據統計，在長達4個月的漫長冬季裡，全德國死亡人數至少10萬（這還不包括在戰俘營死去的俘虜），凍傷、浮腫，患上軟骨病、肺結核者達數百萬，僅柏林一地就至少1千人餓死凍死。整個慘狀就像是經歷了一場瘟疫，運屍的手推車每天推送出大批死屍。美國官員威廉·克萊頓在給華盛頓的報告中說：「數百萬人正在慢慢餓死。」一位美國記者則寫道：「德國人一天喝三次湯就夠了——戰爭期間美國總統羅斯福曾經如是說。但是，你能眼看著人們餓死嗎？看著狗群追逐將死但是尚未完全嚥氣的人的屍骨？」

2 二戰後聯邦德國的迅速崛起

　　二戰之後，德國被一分爲二。歷史彷彿回到了起點，那個沉重的命題再次擺在德國人面前：德意志，它在哪裡？德國人必須再次做出回答。聯邦德國是在德國分裂的基礎上，在東西方對峙的政治前提下建立起來的。它在1949年成立時，經濟尚未完全恢復，政治上還不是一個擁有完整主權的國家。根據1949年9月21日生效的美、英、法3國《佔領法規》的規定，3國雖然結束了對德軍事管制，但仍保持了在聯邦德國的最高權力，由3國政府代表組成的「盟國高級專員公署」擁有管制聯邦德國外交、國防、對外貿易與外匯支付的權力，監督聯邦和州行使立法、行政、司法的權力，以及對聯邦和各州發布命令和否決其立法、行政決定的直接行動權等。復興經濟，恢復國家的主權和政治、經濟大國地位，進而統一德國，成爲聯邦德國政府面臨的首要任務。

　　1949～1966年，聯邦德國由基督教民主聯盟、基督教社會聯盟（簡稱聯盟黨）單獨或和自由民主黨以及其他小黨聯合執政，康拉德‧艾德諾和路德維希‧艾哈德先後任總理，其間艾德諾連任四屆，直到1963年辭職，被稱爲「鐵腕人物」。1966年因政策分歧，自由民主黨退出內閣，由聯盟

黨和社會民主黨組成大聯合政府，聯盟黨的庫特・基辛格任總理。1969年第六次聯邦大選後，組成以社會民主黨主席維利・布朗德（注7）為總理的社會民主黨・自由民主黨聯合政府。

1970年的一個蕭瑟冬日，剛剛上任的聯邦德國總理布朗德，來到了波蘭華沙猶太人紀念碑前，二戰中，波蘭有250萬猶太人在集中營裡飽經痛苦、絕望的折磨，最終無助地死去。在冰涼的風中，布朗德一步步走到死難者的墓碑前，在全世界的注視下，這位二戰中反納粹的英勇鬥士，做出了一個令所有人震驚不已的動作：他跪倒在地。一位記者寫道：「不必這樣做的他，替所有必須跪而沒有跪的人跪下了。」

早在1948年，德國西部地區就實行了一次重大的經濟改革，即廢除以行政控制為特徵的中央統制經濟，實行社會市場經濟。社會市場經濟的基本特徵是市場經濟加國家總體調節，再加社會保障。首先是保護競爭，限制壟斷，充分發揮市場機制的作用，認為競爭是推動經濟發展的基本動力，是使經濟擺脫困境、實現繁榮的主要手段；其次是國家採取符合市場規律的經濟手段，透過貨幣、信貸、外貿和財政政策等槓桿對經濟生活進行適度的宏觀調控，以保證市場經濟有一個穩定的環境，力圖避免資本主義經濟運動中的週期性起伏和結構不協調；再次是透過保險、救濟、補貼等社會保障手段來

緩和私有制和競爭所必然引起的社會不公平，以減少社會衝突，為經濟建設創造一個安定的環境。社會市場經濟的實施使備受折磨的經濟勃發了生機。1950年，聯邦德國的工業生產已超過了戰前1936年同一地區的水準，農業生產超過戰前水準的2%。在此基礎上，聯邦德國的經濟進入了高速發展時期。

50年代是許多西方經濟學家譽為聯邦德國的「經濟奇蹟」時期。這10年中工業生產年平均增長率高達11.4%，工業總產值從487億馬克增加到1,647億馬克，增長了2.4倍，國民生產總值從233億美元增加到726億美元，增長2.1倍。60年代的經濟發展速度有所減慢，但這10年中工業生產的年平均增長速度仍有5.8%，工業總產值增長了1.2倍，國民生產總值以美元計算增長1.6倍。從總體來看，從聯邦德國1949年建立直到1974年爆發經濟危機從此陷入嚴重滯脹為止，聯邦德國經濟持續了25年的高速增長。據統計，1950～1973年，剔除通貨膨脹因素，國民生產總值按馬克固定價格計算，增長3.06倍，正好翻兩番，年平均增長率為6.3%。其中，工業產值增長4.33倍，年平均增長率為7.5%，農業產值增長0.75倍，年平均增長率為2.5%。聯邦德國的國民生產總值先後於1959年和1960年超過法國和英國，第三次躍為資本主義世界第二經濟大國，只是到1968年被日本趕上，才退居第三位。聯邦德國

的外貿總額在1953年超過法國，1954年超過加拿大，1962年趕上英國，成為僅次於美國的資本主義世界第二貿易大國。它的黃金外匯儲備在1948年只有3億美元，到1970年猛增到124億美元，佔資本主義世界的15.2％，超過美國，躍居世界首位。

德國人誠懇地接受了自己歷史上沉重的一面。他們討論但是沒有激烈爭論，沒有否定自己發動了第二次世界大戰，沒有推卸自己應該對猶太人大屠殺所負的責任，沒有否認自己經受了12年的納粹獨裁統治。誠懇地回憶自己的錯誤，幫助德國人大大地減輕了民族復興的困難。跪下去的是布朗德，站起來的是德意志。二戰後，聯邦德國開始陸續向遭受德國法西斯迫害的受害者及其遺屬支付巨額賠款，教育部門則將法西斯暴行列為歷史教科書的中心內容，強調「關鍵的任務是教育下一代」，要「將防止歷史悲劇重演的職責視為己任」。勇於承擔歷史責任的德國回到了歐洲的懷抱，也回到了世界舞臺。

注釋

【注7】維利・布朗德（亦作威利・布朗德，Willy Brandt，1913～1992年），德國政治家，1969～1974年任西德總理，以和蘇聯集團和解的新東方政策打開外交僵局，尤其以1970年在華沙的華沙之跪引起全球矚目。2005年11月28日，德國電視二台投票評選最偉大的德國人，布朗德名列第五位。

3 再次統一

　　1990年10月3日，布蘭登堡門上的和平女神又一次見證了國家命運，分裂了41年的德國再次統一。這一天，被確定爲德國的國慶日。總之，聯邦德國已重新崛起，成爲世界經濟大國。

　　聯邦德國經濟之所以能迅速復興，是由多方面的因素和條件決定的，主要有：

　　第一，戰前德國是一個發達資本主義國家，而聯邦德國又集中了戰前德國70％的設備能力和62.4％的工業產值，因而爲恢復和發展工業奠定了堅實的物質和技術基礎。

　　第二，適時地進行了經濟改革，建立了一個比較符合國情並行之有效的社會市場經濟體制。

　　第三，大力發展教育事業，造就了一支宏大的科技隊伍，並注意引進外國先進技術。1950～1970年，聯邦德國在校大學生由100,339人增加到411,951人，平均每萬居民的大學生數從21人增加到67.9人。除了正規的學校教育外，聯邦德國也很重視職工的業餘教育，規定不再升入大專院校的中學畢業生，在3年內享有法定休閒

日去接受正規課程教育。為了加快科技發展，聯邦德國還特別注意引進外國先進技術。1950～1973年，聯邦德國進口的專利和許口證的支出從2,200萬馬克上升到165,400萬馬克，增長了74倍以上。由於重視科技，聯邦德國的勞動生產率不斷提高。據統計，1950～1960年，聯邦德國國民經濟勞動生產率年平均增長5.3％。

第四，利用外國資本。根據馬歇爾計畫，西德在1948～1951年獲得了36.5億美元的援助。而根據馬歇爾計畫設立的「馬克對等基金」（即聯邦德國工商企業償還馬歇爾計畫的款項，可作為短期信貸再投資於本國經濟建設中）的投資，到1956年就達100億馬克。馬歇爾計畫與馬克對等基金對於當時缺少外匯、急需資金的聯邦德國好比雪中送炭。1957～1975年，美國公司在聯邦德國的直接投資從5.81億美元上升為87.2億美元。

在經濟上迅速崛起的同時，聯邦德國積極展開外交活動，以求恢復國家主權和應有的國際地位。艾德諾政府推行親美、向西方一邊倒的外交政策，謀求在美國的扶持下洗刷掉戰敗國的屈辱。1954年10月，聯邦德國與美、英、法等西方國家簽署《巴黎協定》，次年5月協定生效，聯邦德國結束被佔領狀態，成為主權國家，並

加入北大西洋公約組織。1956年1月建立國防軍，3月通過防務法，規定實行普遍義務兵役制。1958年1月加入歐洲經濟共同體。1963年簽訂德、法友好條約，正式實現了法、德和解與合作。艾德諾政府追隨美國對蘇冷戰，堅持「哈爾斯坦主義」。1955年月22日，艾德諾政府發表聲明，聲稱聯邦德國代表整個德國，不同與民主德國建交的國家（蘇聯除外）建立或保持外交關係。這項政策是由當時的國務秘書瓦爾特‧哈爾斯坦建議制定的，故稱「哈爾斯坦主義」。「哈爾斯坦主義」等於作繭自縛，限制了聯邦德國自己在國際上活動的地盤。

當聯邦德國重新以經濟強國的姿態出現在世界舞臺的時候它不願再在外交上處處追隨美國，作美國的「小夥伴」，而要以獨立自主的姿態開展外交活動，改變「經濟上的巨人，政治上的侏儒」的國際形象。60年代末上臺的社會民主黨政府正式實行「新東方政策」。1970年，聯邦德國先後與蘇聯、波蘭簽訂條約，承認歐洲各國現存邊界不可侵犯。1972年與民主德國簽訂《關係基礎條約》。條約規定：彼此承認是主權國家，雙方「在平等的基礎上發展相互之間的正常睦鄰關係」。1973年兩個德國同時加入聯合國。

新東方政策使聯邦德國在東西方關係中取得了主動權與發言權，在與自己切身利益相關的重大問題上可以直接與蘇聯、東歐打交道，而不必再仰仗美國。新東方政策使聯邦德國累積起來的經濟實力轉化為有力的政治態勢，使其在國際政治舞臺上的政治地位發生重大變化。聯邦德國終於以一個經濟、政治大國的形象崛起於歐洲大陸。

　　德國再次統一了，憑藉的不再是鐵與血，而與120年前相同的是，在和平的環境中，德國人再次創造了經濟奇蹟。經過幾代人的努力，這個歷經兩次世界大戰重創的國家，發展成為僅次於美國和日本的世界第三大經濟強國。而作為歐盟的重要成員國，它也找到了振興歐洲來壯大自己的強國之路。德意志，它在哪裡？也許，近兩個世紀執著的尋找已經有了答案。在這一漫長的尋找中，所經歷的大悲大喜，不僅已成為德意志民族的集體記憶，而且也為已經崛起和正在崛起的大國，書寫了一段不可忘記的歷史。

國家圖書館出版品預行編目資料

一本書讀完德國歷史；邢豔編著；第1版 —— 臺北市：
驛站文化，2013.09　面；　公分-（大視界；19）

ISBN 978-986-5864-21-7（平裝）

1.德國史

743.1　　　　　　　　　　　　　102016974

大 視 界 ⑲
一本書讀完德國歷史

編　　著／邢　豔

發 行 人／顏有志

文字編輯／顏子慎

美術編輯／林　嵐

出版發行／驛站文化事業有限公司

電　　話／(02)2813-6081

傳　　真／(02)2812-2674

郵撥帳號／19145466

E - M a i l／post58@ms63.hinet.net

地　　址／11175 台北市士林區社中街346巷1-1號1樓

印　　刷／祥峰印刷有限公司

出版日期／2013年9月第1版第1刷

登 記 證／行政院新聞局局版北市業字第 1251 號

定　　價／240元

I S B N／978-986-5864-21-7